NOTIONS ÉLÉMENTAIRES

SUR LE

DRESSAGE DU CHEVAL

ET

PRINCIPES SUR L'ÉQUITATION

A l'usage de tous les agriculteurs, propriétaires,
éleveurs et amateurs de chevaux.

PAR LÉON LACASSIN, VÉTÉRINAIRE

A LASSALLES (Hautes-Pyrénées)

> C'est par la perte de sa liberté
> que commence l'éducation du che-
> val, et c'est par la contrainte
> qu'elle s'achève.
>
> (BUFFON.)

1re Edition

TARBES

IMPRIMERIE E. VIMARD, RUE DE L'HARMONIE, 2.

—

1887

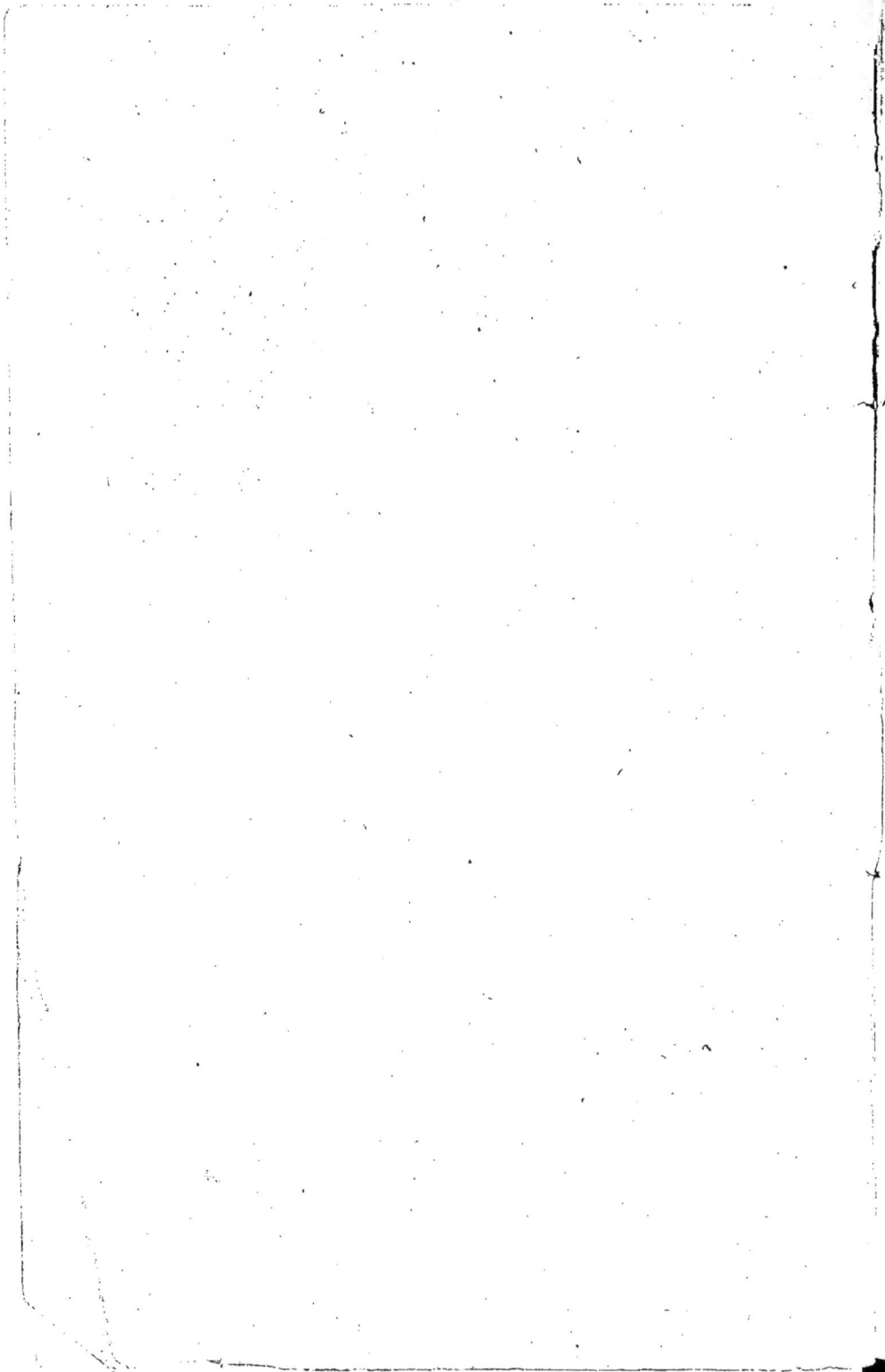

NOTIONS ÉLÉMENTAIRES

SUR LE

DRESSAGE DU CHEVAL

ET

PRINCIPES SUR L'ÉQUITATION

A l'usage de tous les agriculteurs, propriétaires,
éleveurs et amateurs de chevaux.

PAR LÉON LACASSIN, VÉTÉRINAIRE

A LASSALLES (Hautes-Pyrénées)

> C'est par la perte de sa liberté
> que commence l'éducation du che-
> val, et c'est par la contrainte
> qu'elle s'achève.
>
> (BUFFON.)

1re Edition

TARBES

IMPRIMERIE E. VIMARD, RUE DE L'HARMONIE, 2.

—

1887

AVANT-PROPOS

Le but que nous nous sommes proposé en abordant l'étude du dressage du cheval, n'est pas d'apporter des changements dans cet art si important à connaître, ni des modifications dans la manière de procéder. Notre intention, en écrivant ces lignes, a été seulement de mettre ces quelques notions sur le dressage à la portée de tous, et de les répandre dans nos campagnes, chez nos agriculteurs, chez nos propriétaires, afin qu'ils puissent en tirer un réel parti ; car nous pouvons dire d'ores et déjà, que, par ce moyen, il leur sera facile d'arriver à un résultat satisfaisant, soit au point de vue pécuniaire, soit au point de vue hygiénique.

En effet, combien d'accidents ne sont pas la conséquence de la mauvaise éducation des animaux, de l'irrégularité dans leurs allures, de l'inconscience de ces derniers à exécuter ce qu'on exige d'eux, de l'incapacité du conducteur, en un mot, de toute une série de circonstances que le dressage met en évidence, et qui a pour but de remédier à cet état de choses déplorable.

C'est pourquoi, vu son importance, nous n'avons pas hésité à aborder ce sujet inconnu de la plupart de nos cultivateurs; et, d'une manière succincte et aussi claire que possible, nous allons essayer de résumer ces quelques notions d'une utilité incontestable, prenant pour base ce principe : « *l'habitude est une seconde nature* » ; car, comme on a pu souvent le remarquer, de même que chez l'homme, comme chez les animaux, les plus violentes émotions finissent par s'émousser à force d'être répétées, de même aussi, les exercices multiples et souvent exécutés, auxquels le cheval est soumis, finissent par lui devenir très familiers. Il ne faut pas croire cependant que, par ce moyen, son intelligence augmente; car, comme l'a dit Châteaubriand : « *Il n'y a chez les animaux ni diminution, ni accroissement d'intelligence* »; mais il acquiert cette habitude d'obéir à tels ou tels signes rationnels.

Léon LACASSIN.

NOTIONS

SUR LE

DRESSAGE DU CHEVAL

C'est par la perte de sa liberté
que commence l'éducation du cheval, et c'est par la contrainte
qu'elle s'achève.

(BUFFON.)

Considérations générales

Le dressage du cheval est un art véritable qui, quoique l'on
en dise, ne demande pas moins de théorie que de pratique ; car
la théorie seule peut enseigner les moyens de profiter des
dispositions de la nature et de corriger ses écarts. Il exige de
la part de celui qui veut l'exercer avec fruit, des connaissances
spéciales et plusieurs qualités indispensables.

Ces qualités sont principalement le goût des chevaux, car
l'on ne réussit jamais dans les choses pour lesquelles on n'a pas
de goût ; beaucoup de patience, de douceur, de persévérance,
de fermeté, de la force, de l'adresse, de l'agilité. A quoi il faut
ajouter, une étude approfondie du naturel et des habitudes du
cheval, car sans cela on courrait fréquemment le risque de faire
tout le contraire de ce qu'il faudrait.

Le manque de docilité dans les chevaux provient ordinairement de défauts extérieurs de conformation auxquels l'art doit
savoir suppléer, quand cela est possible, ou de vices internes.
Ces vices eux-mêmes ne sont pas toujours l'effet de la nature,
mais bien plus souvent le résultat de la maladresse de gens qui
veulent se mêler d'un art dont ils n'ont pas les premières
notions.

Enfin, on exige souvent des chevaux des choses qui sont
au-dessus de leurs forces physiques ou de leur intelligence ; on
les rebute par une obstination déplacée, on les dégoûte du
travail, on les ruine sans ressource à la fleur de l'âge, et on les

rend indociles et ennemis de l'homme. C'est ce qui arrive aux poulains que l'on dresse trop jeunes.

Le dressage du cheval a, comme on vient de le voir, une importance capitale. Nous commencerons donc cette étude en passant en revue les vices auxquels les chevaux sont sujets, vices que l'on rencontre dans toutes les catégories de chevaux.

Des vices auxquels les chevaux sont sujets

L'étude du caractère des chevaux est d'une aussi grande utilité que l'examen de leurs formes extérieures; car un cheval de chétive apparence pourra bien être d'un très bon service, tandis qu'un cheval de très grand prix n'en peut quelquefois rendre aucun, s'il a dans le caractère des défauts essentiels que l'on ne sache pas corriger.

De même qu'un instituteur sage parvient, à force de patience, à maîtriser l'écolier le plus indocile, de même aussi, n'est-il point de cheval, si vicieux qu'il soit, dont un habile écuyer ne puisse venir à bout. Mais il faut pour cela être homme de cheval, c'est-à-dire, connaître à fond les mœurs, le caractère, l'instinct de cet animal; car un homme étranger à cette connaissance, loin de réussir à corriger le cheval le moins vicieux, finira par faire une *rosse* d'un cheval excellent.

Les défauts ordinaires du cheval sont nombreux: il est paresseux, lâche, timide, colère, impatient, malin, ombrageux, rétif, vicieux, etc.

La paresse provient souvent d'une constitution faible et molle, mais de grands coups de chambrière parviennent quelquefois à la dissiper. Les chevaux paresseux sont en général mélancoliques.

La timidité exige beaucoup de douceur de la part de l'écuyer.

La poltronnerie rend un cheval peu propre au manège et encore moins à la guerre; ce défaut cède ordinairement aux moyens conseillés contre la paresse. Quant aux chevaux naturellement lâches, il est rare qu'on parvienne à en tirer aucun parti.

L'impatience rend le cheval ardent, fougueux, prêt à tout entreprendre: ceux de ce caractère sont difficiles à manier;

mais avec de la douceur et beaucoup de patience, on parvient à les maîtriser et à en faire de très bons chevaux. Il ne faut ni les brusquer ni les contrarier.

Le cheval colère s'offense de la moindre correction et en conserve la rancune pendant lontemps. Il veut être conduit avec ménagement, mais avec fermeté, car si on lui cède et qu'il sente qu'on le craint, il deviendra intraitable.

Le cheval ombrageux est d'autant plus dangereux qu'il fait des pirouettes et sauts de côté au moment où on s'y attend le moins. Il ne faut pas brusquer ces sortes de chevaux, mais les caresser, les flatter de la main en les rapprochant doucement de l'objet qui les effarouche ; les chevaux que l'on brutalise sont pour la plupart ombrageux.

Le cheval malin est traître et rusé. Souvent il est très docile en apparence ; mais lorsqu'il n'a plus la crainte du châtiment, il se révolte et se défend avec opiniâtreté ; on voit des chevaux de cette sorte retenir leurs forces et refuser le service par pure mauvaise volonté. Ce défaut demande de vigoureuses corrections et des services compliqués qui, forçant le cheval à prêter attention, ne lui laissent pas le temps de combiner ses malices.

Le cheval rétif s'obstine à ne pas bouger de place, quand il est dans ses moments de caprice, et n'obéit ni à la bride ni aux éperons. C'est ici qu'il faut redoubler de patience et de fermeté. Ce vice est très fréquent chez les chevaux à qui l'on a passé trop de fantaisies, ou qui ont été battus sans raison ni discernement.

Le cheval vicieux n'a aucun attachement pour celui qui le soigne, rue et mord toutes les fois qu'il en trouve l'occasion. Ce n'est qu'avec beaucoup de peine et avec des punitions appliquées à propos qu'on parvient quelquefois à corriger les chevaux vicieux ; du reste, ce défaut est souvent le résultat des mauvais traitements plus que l'effet d'un caractère naturellement mauvais.

Tout ce que nous venons de dire s'applique indistinctement à toutes les espèces de chevaux et propres aux divers services.

C'est pourquoi on ne saurait trop rappeler aux amateurs et propriétaires de chevaux, que l'éducation de ce précieux animal demande beaucoup de douceur, de patience, d'habitude, mais en même temps de fermeté ; qu'un cheval a assez d'intelligence pour conserver le souvenir des bons comme des mauvais traitements ; qu'une punition injuste trop sévère ou appliquée mal à propos produit un effet tout différent de celui qu'on en attend. Enfin que les meilleurs chevaux se perdent promptement, et ceux qui sont naturellement vicieux le deviennent davantage s'ils sont brutalisés, forcés de travail ou confiés à des gens incapables de les gouverner.

Ne peut-on donc pas faire ici l'application de ce vieux précepte de philosophie développé par Plutarque : *Ne corrigez pas votre esclave quand vous êtes en colère.* De même pour les animaux, ceux qui les traitent avec le plus d'intelligence, de soins et d'affection sont ceux qui en tirent le parti le plus avantageux sous tous les rapports.

Vices extérieurs de conformation.

Les vices extérieurs de conformation peuvent être communs à tous les services ou propres à tel ou tel service.

Nous passerons sous silence ces divers défauts de conformation qui sont du domaine de l'extérieur, et nous nous bornerons à l'étude du dressage proprement dit.

Dressage proprement dit.

Le dressage du cheval consiste dans l'emploi méthodique et continu d'une série de moyens qui ont tous pour but, essentiellement, de faire plier sa volonté sous celle de l'homme, et d'habituer son corps à supporter patiemment les contraintes et à exécuter librement les mouvements que doit nécessiter son service à venir. (*Dict. des sciences méd. et vétér.*)

Le dressage proprement dit, se divise en deux parties principales : le dressage du cheval de selle et le dresage du cheval de trait.

Dressage du cheval de selle.

Le dressage du cheval de selle sera d'autant plus facile que son éducation première aura été plus soignée ; c'est ainsi que nous trouverons le jeune poulain habitué au contact de l'homme, du licol, du bridon, des couvertures, du surfaix, etc. Qnant à ceux qui ont toujours vécu en liberté dans les pâturages, jus- qu'au moment de leur dressage, ils ne peuvent, quelqnes-uns du moins, être domptés que par des hommes habiles.

Surveillons donc avec soin l'éducation première du jeune poulain, condition indispensable d'un bon dressage, d'un dres- sage facile.

Education du jeune poulain.

Les poulains doivent être sevrés dès l'âge de six à sept mois ; ceux que l'on fait téter plus longtemps, à moins qu'il ne soient faibles et délicats, prennent, il est vrai, plus de taille et d'em- bonpoint, mais ils ont en général peu de vigueur. Dès qu'on les retire d'auprès de leur mère, ils refusent quelquefois de manger, mais ils ne tardent pas à l'oublier et reprennent leur vivacité naturelle.

C'est le moment, si l'on veut de bons chevaux, de les entretenir avec soin, de leur administrer des fourrages bien tendres, du grain écrasé, car si on le donnait entier, ils en perdraient une quantité, le mâcheraient avec peine et auraient comme résultat une dentition difficile.

Le poulain en sevrage doit habiter une écurie saine, propre, sans être très chaude, afin de ne pas le rendre trop frileux, ce qui pourrait être la cause de beaucoup de maladies.

Une condition indispensable et trop souvent négligée, c'est la hauteur du râtelier et de la mangeoire, qui doit être propor- tionnée à la taille du jeune sujet ; car, sans cette précaution, la région dorsale du jeune poulain s'incurve et il devient par la suite ensellé. A dix-huit mois ou deux ans il faut séparer ce dernier des pouliches, parce que sentant déjà le premier aiguillon de l'amour, il pourrait s'énerver sans retour.

A trente mois, on peut commencer à lui donner un licol, lui faire connaître les harnais d'écurie, et à le panser à fond ; jus- que-là il convient de le laisser en liberté et de se borner à le frotter avec une brosse ou à le peigner de temps en temps. C'est aussi le moment de la castration.

Les poulains peuvent être montés vers l'âge de quatre ans, mais il vaut mieux attendre jusqu'à cinq ; car les chevaux ménagés pendant leur jeunesse, se conservent plus longtemps fiers et vigoureux que ceux qu'on a mis au travail trop tôt. Cependant, il est essentiel de les dresser de très bonne heure, afin d'en venir plus facilement à bout. A cet effet, dès l'âge de trois ans, on peut commencer ce que nous désignerons sous le nom de *dressage à pied* et dont il sera question plus loin.

Avant de nous occuper du dressage à pied, nous allons passer en revue les divers harnais nécessaires à tous les propriétaires soucieux de la santé de leurs chevaux, et de l'éducation à leur donner.

Harnais.

Les harnais sont des appareils que l'on adapte sur le corps des animaux domestiques dans le but soit de les maintenir attachés, soit de les gouverner et d'utiliser leurs forces motrices avec le plus d'avantages possibles au déplacement des résistances par le tirage ou par le transport à dos. (*Dict. des sciences médic. et vétér.*)

Une des conditions les plus importantes pour le dressage, c'est sans contredit le choix des harnais ; car des harnais mal conditionnés blesseraient les animaux, les rendraient intraitables et exposeraient les conducteurs à des dangers sérieux.

On ne saurait donc apporter trop de précautions dans le choix des harnais ; pour cela, on devra avoir égard à leur nature, leur forme, leur grandeur, comparées à la forme, à la grandeur et aussi à la composition anatomique des parties sur lesquelles ils doivent s'appliquer.

Ils doivent s'adapter aussi exactement que possible aux diverses parties du corps qui ont des os saillants ou qui renferment à une petite profondeur des artères, des veines ou des conduits aériens. On devra faire en sorte qu'ils se moulent sur les parties creuses comme sur les parties saillantes ; car, les os saillants n'étant recouverts que par la peau, celle-ci serait facilement blessée si elle était pressée par un corps dur.

Les coussins doivent être confectionnés de matières souples, élastiques et se tassant difficilement ; les attaches, les sangles, les liens ne doivent pas être trop résistants ; les boucles seront solides, les ardillons bien ajustés, s'ouvrant avec facilité et entrant librement dans les trous des courroies pour permettre, à un moment donné, de déboucler rapidement et sans difficulté.

Les harnais doivent se diviser en deux groupes : les harnais d'attache ou d'écurie, les harnais de travail.

Harnais d'écurie.

Parmi les harnais d'écurie nous distinguerons en première ligne le licol.

1° Licol. — Le licol est formé d'un montant qui comprend la têtière et les joues, d'une muserolle à laquelle s'adapte postérieurement une sous-gorge. On rencontre aussi quelquefois un frontal.

Le licol doit être toujours en lanières assez larges pour ne pas blesser les animaux, et la longe doit être souple pour se laisser facilement tendre par le poids du billot.

On appelle licol de force, un licol très solide, en corde ou en cuir, destiné à maintenir les animaux fougueux.

2° Collier-licol. — Le collier-licol est une courroie, large et forte, pourvue d'une boucle à l'une des extrémités, pouvant former collier, et, sur sa longueur, un anneau qui reçoit la longe. Ce harnais a des inconvénients graves : si on laisse la courroie trop lâche, les animaux peuvent se détacher ; si on la serre trop fortement et qu'ils s'entravent, la strangulation peut avoir lieu. Il faut donc donner la préférence au licol.

3° Couvertures. — La couverture comprend plusieurs parties : le caparaçon, le plastron, etc. ; mais nous ne considèrerons ici que la couverture simple, c'est-à-dire celle qui ne couvre que le tronc, maintenue en arrière par une espèce de croupière, au passage des sangles par un surfaix, en avant par une corde ou des boutons.

Les couvertures sont destinées à préserver les animaux du froid, de l'humidité, des insectes ; à les prémunir contre les changements brusques de température, ou à exciter vivement les fonctions dépuratives et sécrétoires du tégument général.

4º Camail. — A la couverture peut s'adapter un capuchon nommé *Camail*, destiné à couvrir l'encolure et la tête jusqu'à la bouche. On se sert du camail pour les chevaux délicats, pour ceux qui sont malades ou qui le deviennent facilement par l'effet du froid.

5º Oreillères. — On nomme ainsi une pièce triangulaire munie d'espèces de cornets qui reçoivent les oreilles. Chaque pointe du triangle porte une attache. Deux se fixent l'une à l'autre au-dessous de la gorge, l'autre tombant sur le chanfrein s'attache à la muserolle.

Ce harnais qui est fort employé aux environs de Reims où l'élevage est bien entendu, remplace le camail et prévient les chevaux — les jeunes surtout — de beaucoup de maladies lorsqu'ils sont obligés de quitter l'écurie le matin avant le jour et pendant le règne des brouillards.

6º Caveçon. — Le caveçon que certains auteurs placent dans les harnais d'écurie sera considéré ici comme harnais de travail, car il sert à conduire et à morigéner les animaux impétueux plutôt que de moyen d'attache à l'écurie.

Tous les harnais que nous venons de signaler sont employés indifféremment pour tous les chevaux quel que soit le service.

Harnais de travail.

Comme harnais de travail nous avons à examiner les harnais du cheval de selle et les harnais du cheval de trait.

Harnais de travail du cheval de selle.

Parmi les harnais de travail du cheval de selle, il en est qui sont communs aux deux services et que nous allons examiner ; c'est ce qui explique la nécessité de soumettre le cheval de trait aux divers exercices du dressage à pied.

Harnais de travail communs au service de la selle et au service du trait.

Du caveçon. — Le caveçon est un licol à forte muserolle, dans laquelle se trouvent trois anneaux auxquels sont fixées trois fortes longes qui ont pour but, les deux latérales, de conduire les chevaux, et celle du milieu, de morigéner ceux qui sont indociles.

Il y a deux sortes de caveçon : celui de cuir et celui de fer, qui ne diffèrent entre eux que par la composition de la muserolle.

Les effets du caveçon diffèrent essentiellement de ceux de la bride, en ce que celle-ci agit directement sur les barres de la bouche, au lieu que l'action de celui-là porte tout entière sur le nez. Or, cette partie étant beaucoup moins sensible que la première, le caveçon donne les moyens de plier un cheval encore neuf à tous les mouvements que l'on veut lui faire exécuter sans lui fatiguer la bouche, le prépare aux effets de la bride et ménage la bouche des chevaux que l'on confie à des commençants.

De la bride.

La bride est un harnais passé dans la bouche, embrassant la tête de l'animal et qui, par son action sur les barres et la barbe, devient l'agent et le moyen par lequel le cavalier exprime à l'animal ce qu'il exige de lui.

On distingue trois espèces de brides : la bride française, la bride anglaise et la bride américaine.

La bride anglaise a quatre rênes au lieu de deux, un bridon indépendaut du mors et point de muserolle.

La bride américaine manque de mors ; le cavalier est en communication directe avec l'animal au moyen d'une anse circulaire fixée à une bande de fer embrassant les deux mâchoires, et qui transmet l'impression sur le nez et la barbe,

La bride française moderne, très variable quant à ses formes, se compose de trois parties principales : le mors, la monture, les rênes.

Mors. — La description des diverses parties de la bride étant donnée par M. Magne d'une manière assez complète, nous allons lui emprunter les détails relatifs à ce harnais :

« Le mors est formé de plusieurs pièces. On appelle branches « les deux parties latérales. On distingue à chaque branche un « milieu et deux extrémités, l'une supérieure ou banquet, et « l'autre inférieure ou porte-rênes. Celui-ci porte à son extré-

« mité libre une ouverture où se fixe la rêne. Cette ouverture,
« appelée gargouille, présente, sur une partie de sa circonfé-
« rence, un trou où est reçu un touret en fer ; celui-ci est
« pourvu d'une tête à une extrémité et d'un anneau à l'autre ;
« c'est à cet anneau que se fixe la rêne de manière à pouvoir
« tourner dans tous les sens, comme le touret. On appelle
« branches flasques celles qui sont tournées en arrière, et har-
« dies celles qui ont une direction opposée ; elles sont ou en S
« ou droites, courtes ou longues en gigot, en gorge de pigeon.

« Le canon forme la partie principale du mors, celle qui est
« placée dans la bouche et qui appuie sur les barres. On y
« distingue les talons et le milieu : le milieu est aminci et il
« présente ordinairement un arc plus ou moins prononcé, des_
« tiné à loger la langue et nommé *liberté de la langue.* D'après
« la conformation du milieu du canon, on distingue le mors à
« gorge de pigeon, le mors cou de cygne, le mors bec de
« cane, le mors à l'anglaise. Le mors brisé articulé est formé
« de deux parties réunies au milieu du canon.

« Cylindriques ou quelquefois légèrement aplatis, les talons
« appuient sur les barres et adhèrent aux branches. On donne
« le nom de fonceaux aux extrémités des talons et de bossettes
« à des plaques tantôt en argent, tantôt en cuivre, qui couvrent
« les fonceaux.

« La gourmette est destinée à exercer sur la barbe une pres-
« sion plus ou moins douloureuse.

« Elle est formée d'anneaux tordus appelés mailles au milieu,
« et maillons aux extrémités, où ils sont plus petits. Les extré-
« mités portent ordinairement l'une un S, l'autre un crochet ;
« mais quelquefois celui-ci est fixé au mors et alors la gour-
« mette porte un anneau. On appelle plat de la gourmette la
« face la plus large, celle qui s'applique sur la barbe.

« La chaînette en fer ou en cuir est fixée aux extrémités
« inférieures des branches du mors.

« MONTURE. — La monture est la partie qui embrasse le
« sommet de la tête, descend sur les joues et porte le mors,
« elle est formée de plusieurs parties : la têtière est une bande
« de cuir forte, qui embrasse la nuque et supporte le montant ;

« elle est divisée, à chacune de ses extrémités, en deux lanières
« servant de support, l'une au montant et l'autre à la sous-
« gorge. Le frontal embrasse le front et la base des oreilles ; il
« présente aux deux extrémités une anse dans laquelle passent
« les lanières de la têtière. La sous-gorge s'attache à la lanière
« postérieure de la têtière au moyen de boucles et agit en sens
« inverse du frontal en empêchant la bride de se porter en
« avant. Les joues ou montants sont deux courroies s'adaptant
« supérieurement à la lanière antérieure de la têtière, et infé-
« rieurement elles portent le mors. Chaque montant est pourvu
« d'une anse donnant passage à la muserolle qui doit être large
« pour éviter les blessures du chanfrein. »

RÊNES. — Les rênes sont deux longues courroies qui d'un
bout s'attachent au touret et se joignent, de l'autre, dans les
mains du cavalier. Dans la bride anglaise la seconde paire de
rênes s'attache au bridon.

En récapitulant ce qui vient d'être dit sur les trois parties de
la bride, on voit qu'elle se compose d'un mors destiné à appuyer
sur les barres à un centimètre et demi environ au-dessus du
crochet, afin de faire connaître au cheval, par les divers degrés
de pression imprimée à cette partie très sensible de la bouche,
la volonté de son cavalier ; de deux branches qui sont les leviers
moteurs de ce mors ; d'une gourmette qui en augmente l'action,
et la seconde en pressant elle-même la barbe chaque fois que le
cavalier fait sentir le mors ; enfin, des rênes qui sont les moteurs de toutes les autres parties de la bride.

BRIDON. — Le bridon est une sorte de canon brisé, fort
mince, monté sans branches, sans muserolle et sans gourmette,
et qui porte plutôt sur les lèvres que sur les barres : on s'en
sert pour les chevaux que l'on commence à dresser et à qui
l'on n'a pas encore mis de fer dans la bouche, de même que
pour les promener et les conduire à l'abreuvoir.

FILET. — Le filet est un bridon plus léger, que l'on met en
même temps que la bride. Le filet est presque indispensable, en
ce que si la bride éprouve un accident qui la rend inutile, le
cavalier a recours de suite au bridon et n'est pas à la merci de

son cheval. Il offre d'ailleurs le moyen de soulager la bouche ne se servant alternativement de la bride et du bridon.

Bride des chevaux de trait.

La bride des chevaux de trait est identique comme composition à celle des chevaux de selle ; la seule différence consiste dans une augmentation de longueur des rênes qui ont reçu le nom de *guides*.

De plus, on trouve des œillères, qui sont deux plaques de cuir destinées à protéger les yeux, elles empêchent les animaux de voir sur les côtés et les rendent plus faciles à diriger.

Dans la bride des bêtes de tirage, on trouve quelquefois une seconde paire de rênes destinées à soutenir la tête des animaux et qui se fixent à la sellette. Ordinairement, on les raccourcit beaucoup dans la persuasion que la marche de l'animal est plus assurée. Mais c'est là une erreur. Le cheval qui ne peut déplacer la tête à volonté pour porter son centre de gravité en avant, est exposé à s'abattre ; de plus, la gorge est comprimée par cette position, la respiration est gênée ; la pousse, le cornage et les angines peuvent se produire.

Choix de la bride.

On ne saurait apporter trop d'attention dans le choix de la bride, qui doit être rarement un instrument de punition, jamais un objet de contrainte, mais toujours une aide et un moyen d'avertissement.

Pour avoir une bride convenable (1), il faut ajuster un mors selon la structure intérieure de la bouche du cheval, les branches suivant la proportion de l'encolure, et la gourmette suivant la sensibilité de la barbe.

Le mors doit porter sur les barres vers leur milieu, qu'il ne touche les crochets ni les dents molaires ; lorsqu'il appuie contre les molaires, il ne produit aucun effet sensible, c'est alors qu'on dit : *Le cheval a pris le mors aux dents.*

---

(1) M. de la Guérinière.

Pour que l'embouchure soit bien assise en son lieu propre, il faut que le talon soit tout droit, depuis le banquet jusqu'à la naissance de la liberté de la langue, sinon l'action en serait fausse dans la bouche. Il faut encore que l'appui se fasse à un centimètre environ de la naissance de cette liberté, autrement les barres et la langue seraient blessées ; enfin, que toutes les pièces du mors soient bien polies et bien jointes. La gourmette doit porter à plat, immédiatement au-dessous de l'os de la barbe; car, plus haut ou plus bas, son effet serait à peu près nul.

La force du mors doit être proportionnée à la grandeur de la bouche. Quand on donne trop de fer, c'est-à-dire un canon trop gros à une bouche peu fendue, il fait nécessairement froncer la lèvre ; si, au contraire, il n'est pas assez fort pour la fente de la bouche, il entre trop avant, et l'on dit alors que le cheval boit la bride.

A une bonne bouche ne s'offensant d'aucun mors, il vaut mieux lui en donner un doux, afin de la conserver longtemps en bon état. Quant aux chevaux qui ont la bouche défectueuse, il faut corriger ces défauts par la forme particulière de leur embouchure. On appelle bouches égarées ou trop sensibles celles qui ne peuvent supporter l'action du mors. Cette excessive sensibilité, qui provient ou de barres trop élevées et tranchantes, ou de blessures causées par une mauvaise embouchure, fait qu'au moindre mouvement de bride, le cheval la secoue fortement comme pour s'en débarrasser, donne des coups de tête et bat à la main. Les bouches naturellement sensibles demandent un mors brisé, avec les fonceaux un peu forts, les branches droites et longues et la gourmette un peu lâche. Si cette sensibilité est accidentelle, le remède n'a pas besoin d'être indiqué.

La bouche forte est celle qui tire à la main et résiste à l'action du mors, soit parce que les barres étant rondes, charnues, ou trop basses, le mors appuie plus sur la langue que sur elles, soit parce que la trop grande épaisseur des lèvres et des gencives recouvre les barres. Le mors à gorge de pigeon est le plus convenable pour ces sortes de bouches, et encore faut-il qu'il soit un peu mince près des fonceaux.

Les bouches faibles qui ne prennent que très difficilement

appui sur le mors, quelque doux qu'il soit, sans pourtant battre à la main, demandent le même genre d'embouchure que les bouches trop sensibles.

Les chevaux qui ont la tête charnue, l'encolure épaisse, les barres et la langue grosses, pèsent à la main, c'est-à-dire s'appuient beaucoup sur le mors. Il faut leur donner l'embouchure à gorge de pigeon, dont la liberté de la langue soit proportionnée au volume de cette dernière ; une gourmette mince et un peu serrée, parce que les chevaux dont il s'agit ont ordinairement la barbe épaisse et peu sensible. Souvent aussi un cheval pèse à la main par faiblesse naturelle, soit des pieds, soit des reins ou des hanches ; il cherche alors à se soutenir sur le mors : la conformation de la bride ne peut corriger ce défaut.

Les bouches trop fendues demandent une embouchure plus forte, dont la gourmette soit placée un peu bas ; sans cette précaution, la gourmette ne produirait aucun effet quand on voudrait ramener le cheval.

Les chevaux qui ont l'encolure longue, effilée et très souple, ou qui l'ont renversée, les muscles de cette partie très volumineux, la ganache serrée, sont sujets à s'armer de deux façons différentes, ce qui rend l'action du mors à peu près nulle, c'est-à-dire que, dans le premier cas, ils baissent la tête et appuient les branches contre le poitrail ; dans le second, ils portent la tête en avant sans baisser le front et appuient contre le gosier, ce qui lâche en même temps la gourmette. Il faut aux chevaux qui arment contre le poitrail une embouchure très douce, ou même un simple bridon ; dans le second cas, il faut donner à leurs mors des branches très hardies. La pression trop forte de la gourmette peut faire quelquefois armer un cheval ; il suffit en ce cas de détruire la cause pour faire cesser l'effet.

Les deux derniers défauts que nous venons de signaler à propos de l'encolure longue et effilée sont très importants à considérer ; car bon nombre d'accidents fâcheux peuvent être la conséquence de ce vice de conformation.

En effet, un cheval ardent, appuyant le mors sur le poitrail, peut facilement emporter son cavalier ou son conducteur, suivant qu'il est sellé ou attelé, sans que ce dernier puisse le maî-

triser, et l'exposer ainsi aux plus grands dangers ; car la tête
de l'animal maintenue dans cette position oblique d'avant en
arrière, celui-ci ne peut apercevoir les obstacles qui se présentent devant lui, ou, s'il parvient à les voir, ce n'est que lorsqu'il
ne peut les éviter. De même pour ceux qui portent la tête
en avant.

De la manière de brider et de débrider.

Pour bien brider un cheval on se placera du côté montoir,
tenant la bride sur le bras gauche ; on débouclera le licol pour
dégager la tête de la muserolle. On saisira ensuite la têtière de
la bride de la main droite, le mors et le bridon de la main
gauche ; on appuiera en même temps le pouce sur la barre
gauche pour forcer le cheval à ouvrir la bouche, dans laquelle
on glissera aussitôt les deux mors ; on passera immédiatement
après la têtière par dessus les oreilles, en commençant par la
droite ; on jettera les rênes sur le cou, on bouclera la sous-
gorge ; on dégagera les crins du toupet ; on accrochera la gourmette, et l'on fera attention que toutes les parties de la bride
et de l'embouchure soient placées comme elles doivent l'être.

Pour débrider on commencera par décrocher la gourmette, et
déboucler la sous-gorge. On ramènera les rênes vers la têtière
et on déplacera celle-ci de la même manière qu'on l'a placée.

Telles sont à peu près les indications à remplir pour brider
et débrider d'une façon convenable. Cependant, quant au moment de décrocher la gourmette, on devra le faire immédiatement après le travail et ne pas attendre l'instant de débrider.

Harnais de travail particuliers au cheval de selle.

Les harnais dont la description précède sont, comme nous
l'avons déjà dit, communs aux deux services ; nous n'allons
nous occuper ici, par conséquent, que des harnais particuliers
au cheval de selle, qui sont : la selle et ses diverses parties.

DE LA SELLE ET DE SES DIVERSES PARTIES. — Un cavalier doit
apporter d'autant plus d'attention dans la conformation et le
choix de la selle, qu'elle peut, non seulement blesser son cheval

d'une manière dangereuse, mais lui causer à lui-même de grandes fatigues et des souffrances aiguës. Une selle, pour être bonne, doit être, quelle que soit sa forme : juste à la taille du cheval, pour ne pas causer de frottement ; assez rembourrée, bien unie, afin qu'elle porte également de partout et ne cause point de meurtrissures. Il faut aussi, pour qu'elle soit commode au cavalier, qu'il s'y trouve assis à l'aise ; que le siège soit bien uni, un peu dur, pas plus haut sur le devant que sur le derrière; qu'il y ait un peu d'épaisseur entre ses cuisses et le corps du cheval.

Les diverses parties dont une selle se compose sont : les arçons, les bandes, les bâtes, le pommeau, le garrot, le siège, les panneaux, les quartiers, les contre-sanglons. Ses parties accessoires sont : la croupière, le poitrail, les sangles, les étrivières et les étriers.

Les *arçons* sont deux pièces de bois correspondant, lorsque la selle est placée, l'antérieur au garrot, le postérieur aux lombes ; ce sont eux qui donnent la forme à la selle, et supportent toutes les autres parties. L'arçon antérieur se compose du pommeau, des mamelles et des pointes ; le pommeau est cette partie qui surmonte le garrot; les mamelles sont les côtés de l'arçon ; les extrémités des mamelles forment les pointes. L'arçon postérieur est plus évasé en raison de la forme plus large des reins. Il est surmonté dans les selles françaises d'une espèce de rebord qu'on appelle troussequin.

Les *bandes* sont les deux pièces de bois qui réunissent les arçons ; elles correspondent aux parties latérales de la colonne vertébrale et logent celle-ci dans l'espace qui les sépare l'une de l'autre.

Les *panneaux* sont deux coussins destinés à préserver les animaux du contact des parties dures de la selle. On doit les faire en toile fine, parce qu'elle ne s'imprègne pas de la sueur autant que la grosse. Ils sont fixés aux arçons et aux bandes, et doivent être bien rembourrés pour ne pas blesser les animaux.

Le *siège* est le dessus de la selle ; il faut, comme nous l'avons déjà fait remarquer, qu'il soit un peu dur, parce qu'un siège trop rembourré échauffe et écorche plus promptement les fesses du cavalier.

Les quartiers sont les deux bandes de cuir qui préservent les panneaux et les sangles de la pluie, et qui séparent de la peau du cheval les jambes du cavalier. Quelle que soit la matière dont on les compose, il faut qu'ils soient larges et longs, car des quartiers trop courts écorchent quelquefois le jarret du cavalier.

Les bâtes sont un rebord que l'on remarque de chaque côté des selles françaises, et destiné à soutenir les cuisses du cavalier.

Les contre-sanglons sont de petites courroies au nombre de trois, fixées aux bandes des arçons et qui servent à attacher les sangles.

Les sangles sont des bandes en cuir ou en tissu, larges, solides, destinées à embrasser le dessous de la poitrine des chevaux et à fixer la selle ; elles sont divisées à chaque extrémité en trois ou souvent deux lanières s'adaptant aux contre-sanglons.

On emploie quelquefois une quatrième sangle qui passe par dessus la selle et s'attache sous le ventre ; c'est ce qu'on désigne sous le nom de *surfaix*.

Les porte-étriers sont des anses de fer fixées aux bandes ; les étriers sont portés par de longues courroies appelées étrivières et passées dans le porte-étriers.

La croupière est formée d'une forte courroie, terminée en arrière par deux branches qui donnent attache au culeron. Celui-ci est une sorte de bourrelet qui embrasse la base de la queue ; il doit être assez gros, de façon à ne pas blesser le cheval sous la queue, accident qui arrive assez souvent, en été, particulièrement aux chevaux bas du devant. La croupière est fixée par son extrémité antérieure à l'arçon postérieur.

Le poitrail est une pièce de cuir à trois angles, de chacun desquels il part une petite courroie, dont deux servent pour l'attacher aux côtés de l'arçon, et la troisième passe entre les jambes pour aller se fixer sous le ventre, à la première sangle. Le poitrail sert à empêcher que la selle ne se porte en arrière et blesse les reins ; il ne doit pas descendre au-dessous de la pointe de l'épaule pour ne pas gêner les mouvements, ni com-

primer trop fortement l'encolure, pour ne pas porter obstacle à la circulation et à la respiration.

DIFFÉRENTES ESPÈCES DE SELLES. — On distingue plusieurs espèces de selles : la selle française, dont la description a été donnée, la selle hongroise qui est en usage dans nos régiments de cavalerie légère. Celle-ci est très simple, une schabraque en peau qui la recouvre remplace les quartiers. La selle arabe, la selle anglaise qui n'a ni battes ni troussequins.

On a généralement reconnu la commodité et l'agrément des selles anglaises ; aussi n'en emploie-t-on presque pas d'autres aujourd'hui.

Manière de seller et de déseller.

Les sangles, les étrivières et la croupière étant relevées sur le siège, on passera la main gauche sous le garrot et la droite sous l'arçon postérieur pour enlever la selle et la poser doucement sur le dos du cheval, un peu en arrière ; on passera alors derrière le cheval pour prendre la queue de la main gauche et la tortiller autour du tronçon afin de la passer dans la croupière, en ayant soin de dégager tous les crins qui pourraient se trouver dans le culeron pour qu'ils n'irritent pas le cheval, ou qu'ils ne le blessent pas. Revenant ensuite du côté montoir, on soulèvera la selle pour l'avancer vers le garrot, en observant toutefois que l'arçon antérieur ne gêne pas les épaules qu'il serait exposé à blesser, et que la croupière ne tire pas trop, auquel cas il faudrait la desserrer. On fixera ensuite le poitrail, et on finira par attacher les sangles.

Si l'on place sur le dos de l'animal une couverture, il faudra bien observer qu'elle ne fasse aucun pli, afin de ne pas s'exposer à blesser le cheval. De plus, lorsque la couverture sera placée, il faudra avoir soin de passer la main gauche entre celle-ci et le garrot avant de sangler, car une compression trop longtemps exercée sur cette région anatomique très compliquée pourrait produire des désordres très graves.

Pour déseller, on commencera par détacher le poitrail et les sangles ; on tirera la selle en arrière pour retirer la queue du culeron ; on relèvera sur le siège les étrivières, la croupière, les sangles et le poitrail ; on soulèvera la selle en la tirant à soi pour l'enlever, et on l'emportera de la même manière qu'on l'a apportée ; on s'occupera alors de laver les jambes du cheval, de le bouchonner, après quoi on lui mettra sa couverture, et on le conduira à l'écurie.

Lorsque nous avons parlé de la manière de débrider, nous avons déjà dit qu'on détachait la gourmette après le travail ; nous en dirons de même pour le poitrail. Ces deux parties des harnais du cheval de selle devront être défaites immédiatement après le travail, sans attendre le moment de débrider, ce qui sera pour l'animal le signe d'un repos prochain.

Les diverses parties des harnais du cheval de selle étant connues, il nous reste encore à parler des aides et des instruments de punition.

Aides et instruments de punition.

Les aides sont divers signes utiles pour avertir le cheval des mouvements qu'il doit exécuter ; les châtiments ou instruments de punition sont les moyens ou objets que l'on emploie quand il a fait quelque faute. On distingue quatre sortes d'aides principales : les divers mouvements de la main de la bride, la cravache, l'appel de la langue, les diverses manœuvres des jambes du cavalier.

MOUVEMENTS DE LA MAIN DE LA BRIDE. — Les mouvements de la main de la bride sont le moyen d'avertissement que l'on emploie le plus fréquemment, et l'action qu'elle produit dans la bouche du cheval est l'effet de ces différents mouvements. La main bonne doit être légère, douce et ferme, qualités qui dépendent non seulement de son action, mais encore de l'assiette du cavalier, car lorsque le corps n'est pas assuré la main ne peut l'être. Il faut, en outre, que l'accord existe entre les jambes et la main, ou l'action de celle-ci ne serait jamais juste : cela s'appelle, en termes de l'art, *accorder la main et les talons*, ce qui est la perfection de toutes les aides.

La main légère est celle qui ne sent pas l'appui du mors sur les barres ; la main douce, celle qui sent un peu l'effet de l'embouchure sans donner trop d'appui ; la main ferme est celle qui tient le cheval dans un appui à pleines mains. Il est très important de savoir accorder ces trois mouvements selon la nature de la bouche de chaque cheval, sans contraindre et sans abandonner tout-à-coup le véritable appui de la bouche ; c'est-à-dire qu'après avoir rendu la main, il faut la retenir doucement pour chercher peu à peu l'appui du mors et reprendre ensuite l'appui à pleine main. Il ne faut jamais passer brusquement d'un mouvement à l'autre, parce que, en agissant ainsi, on ruinerait bientôt la meilleure bouche.

Pour l'exécution de tout mouvement, la main doit toujours donner le premier avertissement, et les jambes doivent accompagner ce mouvement ; car, pour entamer n'importe quelle allure, il faut au préalable que le cheval soit rassemblé, c'est-à-dire que le centre de gravité soit porté en avant ou en arrière, suivant qu'il s'agisse de reculer ou d'avancer ; c'est ainsi qu'on dégagera les hanches ou les épaules pour permettre à l'animal l'exécution de ces deux mouvements.

Le cheval a quatre allures principales qui sont, d'avancer, de reculer, d'aller à droite ou à gauche : la bride doit aussi produire quatre effets différents : rendre la main, retenir la main, la tourner à droite ou à gauche.

On peut rendre la main de deux façons différentes : la première consiste à baisser la main en tournant un peu les ongles en dessous ; la seconde, à prendre les rênes avec la main droite en les lâchant un peu dans la main gauche, ce qui fait passer le sentiment du mors de celle-ci dans l'autre, et enfin, de laisser tomber la main droite sur l'encolure du cheval en lâchant tout à fait les rênes de la main gauche, ce qui s'appelle *descendre la main*. L'action de rendre ou de descendre la main est pour pousser le cheval en avant. Le vrai temps de l'exécuter utilement est après avoir marqué un demi-arrêt et lorsque le cheval plie les hanches, mais non tandis qu'il est sur les épaules.

L'action de retenir la main se fait en rapprochant la main contre l'estomac, les ongles un peu tournés en dessus ; elle a pour but d'arrêter le cheval, de marquer un demi-arrêt, ou bien de reculer. Il faut, pendant ce mouvement, ne pas peser sur les étriers, porter le haut du corps en arrière, afin que le cheval arrête ou recule sur les hanches.

Les troisième et quatrième mouvements sont de tourner à droite ou à gauche : les ongles doivent être en-dessus dans le premier cas pour faire agir la rêne droite. Le cheval obéissant à la main est celui qui en suit aisément tous les mouvements.

Il y a trois manières de tenir les rênes : séparées dans les deux mains ; égales dans la main gauche ; ou l'une plus longue que l'autre suivant le côté où l'on travaille le cheval.

Les rênes séparées sont nécessaires pour les chevaux qui ne sont pas encore habitués aux effets de la bride, ou pour ceux qui s'en défendent ou qui refusent de tourner à une seule main. Il faut alors baisser la main gauche quand on tire la rêne droite pour tourner de ce côté, et réciproquement ; sans cette précaution, le cheval ne saurait à quelle rêne obéir.

On tient les rênes égales dans la main gauche, pour conduire dans quelque circonstance que ce soit un cheval obéissant. Mais, au manège, on tient la rêne de dedans un peu raccourcie, afin de placer la tête du cheval du côté où il marche ; car un cheval qui n'est pas plié a mauvaise grâce dans un manège. Un cheval est beaucoup plus difficile à plier à droite qu'à gauche ; cela tient peut-être à ce que la plupart des chevaux sont plus raides à la première main, ou à la disposition des rênes dans la main de la bride ; mais, le plus souvent, cela provient de ce que fort peu de cavaliers savent bien se servir de la rêne droite.

Il faut tenir la main un peu haute pour les chevaux qui portent bas, afin de leur relever la tête ; elle doit être plus basse et rapprochée de l'estomac pour ceux qui portent le nez au vent, afin de les ramener et de leur faire baisser la tête. Lorsqu'on porte la main en avant, cette action lâche la gourmette et diminue l'effet du mors ; le contraire a lieu lorsqu'on la rapproche de l'estomac, ce qui est bon pour les chevaux qui tirent à la main. Tout cavalier qui ne connaîtrait pas parfaitement les divers effets des rênes de la bride, travaillerait sans règles et sans principes.

CRAVACHE. — La cravache est, selon les circonstances, aide ou châtiment : elle est aide lorsqu'on la fait siffler dans la main pour animer le cheval, lorsqu'on lui en fait légèrement sentir la pointe à l'épaule pour le relever, sur la croupe pour réveiller les mouvements de cette partie. On doit toujours tenir la cravache du côté opposé à celui où l'on mène le cheval, parce que l'on ne doit jamais s'en servir alors que pour animer les parties du dehors. Il faut aussi la tenir de manière à ce qu'elle ne touche pas le cheval sans nécessité.

Appel de la langue. — L'appel de la langue, que tout le monde connaît, réveille l'attention du cheval, l'anime et le rend attentif aux autres aides, aux châtiments qui les suivent s'ils n'y répond pas ; mais il ne faut appeler ni trop fort ni trop fréquemment.

Mouvement des jambes du cavalier. — Le cavalier tire cinq aides particulières du mouvement de ses jambes : la pression de ses cuisses, celle des genoux et des jarrets, celle du gras des jambes ou mollet, le pincer délicat de l'éperon, l'action de peser sur les étriers.

L'aide des cuisses et des jarrets se fait en les serrant des deux côtés à la fois pour chasser le cheval en avant, ou seulement d'un seul côté pour l'avertir qu'il s'abandonne trop sur ce côté. Cette aide, employée un peu vigoureusement, est souvent plus efficace que l'éperon, pour les chevaux chatouilleux qui se retiennent par pure malice. Celle du gras des jambes, qui se fait en les approchant du ventre, avertit le cheval qui n'a pas répondu à la première que l'éperon n'est pas loin.

La plus expressive de toutes les aides est le pincer délicat de l'éperon, qui ne doit faire qu'effleurer le poil sans piquer, et si le cheval n'y répond pas, on enfonce vigoureusement les éperons. Enfin, le peser sur l'étrier, quoique la plus douce de toutes les aides, suffit quelquefois pour les chevaux très sensibles et bien dressés. On pèse tantôt sur les deux à la fois, tantôt sur sur celui de dedans ou de dehors, suivant le genre d'avertissement que l'on veut donner.

Lorsque le cheval ne répond à aucune aide soit par malice, soit par défaut de sensibilité, il faut le corriger sur-le-champ, et proportionner la vigueur du châtiment à la gravité de sa faute, mais surtout à la connaissance que l'on doit avoir de son naturel, car il est des chevaux sensibles à la moindre punition, et l'on finirait par les rebuter et les avilir si on les châtiait outre mesure.

INSTRUMENTS DE PUNITION. — Les instruments de punition les plus en usage sont : la cravache, dont nous avons parlé plus haut, et qui est, selon la circonstance, aide ou punition ; la chambrière et l'éperon.

CHAMBRIÈRE. — La chambrière est une longue courroie de cuir attachée à l'extrémité d'un manche d'environ quatre pieds de long : on s'en sert pour donner les premières leçons aux jeunes chevaux que l'on veut dresser ; pour donner du cœur à un cheval parresseux ; vaincre un cheval rétif qui se défend contre l'éperon. On emploie la chambrière de préférence au fouet, en ce sens qu'étant obligé de s'en servir quelquefois vigoureusement, on ne craint pas pour le cheval les contusions et les meurtrissures que causerait la corde.

EPERON. — L'éperon se compose de trois parties principales : le corps ou les branches, le collet et la molette. Le collet doit être un peu long afin que le cavalier ne soit pas obligé de trop serrer le talon, et la molette avoir cinq ou six pointes bien aiguës.

On se sert des éperons avec un grand succès pour rendre un cheval sensible et fin aux aides : ce moyen doit être employé avec discernement ; il faut en user vigoureusement dans l'occasion, mais jamais sans nécessité. Pour bien [donner de l'éperon, il faut approcher doucement le gras des jambes et appuyer fortement la molette contre le ventre, à environ quatre travers de doigt en arrière des sangles, sans scier du talon, ce qui pourrait entamer la peau des chevaux ; de même si l'on attaquait les flancs, cette partie étant beaucoup trop sensible, le cheval ruerait et s'arrêterait court au lieu d'avancer. Les cavaliers qui appliquent les éperons d'un seul coup, étonnent et surprennent le cheval, qui ne répond pas alors aussi bien que lorsqu'il a été prévenu d'avance par l'approche insensible du mollet. Le pincer délicat de l'éperon devient quelquefois un châtiment suffisant pour les chevaux entièrement sensibles.

C'est dans l'emploi sagement combiné des aides et des châtiments que consiste presque entièrement l'art du dressage ; mais, encore une fois, il faut user de ces divers moyens à temps et comme il faut. Il faut aussi aider et châtier sans faire de grands mouvements ; car rien n'est plus ridicule que ces mauvais cavaliers qui s'agitent sur leur cheval sans pouvoir en venir à bout ; tandis qu'un écuyer véritable fera tout ce qu'il voudra de son animal sans avoir pour ainsi dire l'air de s'en occuper.

Les divers harnais étant connus, il ne nous reste plus qu'à nous occuper des moyens à employer pour dresser les chevaux, et nous commencerons par le dressage à pied.

Dressage à pied.

Par le dressage à pied nous comprendrons tous les moyens que l'on emploie pour habituer le cheval au contact des harnais qu'il doit supporter, et l'initier aux divers mouvements qu'il est appelé à exécuter dans l'avenir. Le dressage à pied doit être fait à toutes les catégories de chevaux, quel que soit le service, de façon à ce qu'ils connaissent parfaitement les harnais et les divers signes employés auxquels ils doivent obéir.

C'est pourquoi, dès l'âge de trois ans, on habituera donc le cheval, petit à petit, à supporter tous les jours, pendant quelques heures, une selle dont la sangle ne fera d'abord que lui effleurer le ventre sans le serrer, ou un harnais léger avec une croupière un peu longue. On lui mettra le bridon un peu plus tard ; on l'accoutumera en même temps à se laisser approcher sans difficulté et à donner le pied à volonté, etc.

Cela fait et lorsqu'il tournera facilement aux deux mains, qu'il ne s'effarouchera plus lorsqu'on voudra le toucher, on commencera à lui monter sur le dos sans le faire marcher, puis pour lui faire faire quelques pas. Si on le destine au trait, on l'attellera avec un cheval fait et on le conduira par la figure jusqu'à ce qu'il puisse s'en passer. Un peu plus tard, on lui mettra la bride et on lui fera connaître les divers mouvements de la main de bride.

Le cheval a, comme nous l'avons déjà dit, quatre allures principales : celle de l'avancer, du reculer, et celle de l'aller à droite ou à gauche. Il faut donc l'initier à ces quatre mouvements.

Pour cela, en se plaçant du côté montoir, on prendra les rênes en arrière de la tête, environ dix centimètres, en introduisant l'index de la main gauche entre les deux, de façon à les séparer, et on agira de la même manière que celle dont nous avons parlé à propos des aides, mais surtout, nous ne cesserons de le répéter, avec le plus grand ménagement.

Après que l'animal aura acquis une parfaite connaissance du bridon, de la bride, des divers mouvements de la main de bride, de l'avancer, du reculer, il faudra lui faire acquérir, par l'habitude, de belles allures, un beau mouvement d'épaules.

On devra alors le faire marcher en cercle d'abord, pendant quelques jours, sur un terrain inégal ou plutôt sur une piste dressée à cet effet, et sur laquelle se trouveront quelques centimètres de paille ou toute autre substance de même nature, qui obligeront le jeune sujet à lever les membres outre mesure pour lui permettre d'effectuer la marche. Après quelques exercices semblables, répétés tous les jours, on pourra augmenter l'allure au moyen de la chambrière, de façon à lui faire acquérir l'habitude du lever des membres et remédier ainsi à ce vice que l'on désigne en extérieur sous le nom de *raser le tapis*.

De plus, nous obtiendrons par ce moyen une musculature d'avant-main considérable, si nous tenons compte de ce principe de physiologie : *Plus un organe fonctionne, plus il se développe ;* les allures seront plus belles, plus gracieuses et, par suite, la valeur pécuniaire des animaux sera augmentée.

On aura soin, pendant toutes ces diverses leçons, d'avoir à sa disposition de l'avoine que l'on administrera aux chevaux après chaque mouvement bien exécuté, de manière à leur donner l'espoir d'une récompense après le travail.

Après les avoir ainsi, pendant quelque temps, exercés aux diverses allures et aux deux mains, après leur avoir donné une connaissance exacte des mouvements de la main de bride, on pourra alors les monter ; et, observant bien scrupuleusement les considérations dans lesquelles nous sommes entrés à propos des aides, on arrivera facilement à un bon résultat, soit

pour les chevaux propres au service de la selle, soit pour ceux
propres au service du trait ; mais surtout pour ces derniers,
parce qu'au moment où on devra les atteler, ils seront déjà
familiers avec les divers mouvements des rênes, et habitués à
la bride, ce qui sera un point essentiel.

Ces diverses leçons devront être données petit à petit, lente-
ment, de manière à ne pas fatiguer ou impatienter les chevaux ;
et il ne faudra les faire passer de l'une à l'autre que lorsqu'ils
seront bien confirmés dans la précédente. Il faudra en même
temps leur parler, les flatter, ne les châtier que le moins possible, et ne rien exiger qui soit au-dessus de leur force ou de leur
intelligence ; car, comme nous l'avons déjà dit, ils deviendraient
rétifs, difficiles à gouverner.

C'est pourquoi nous ne saurions trop recommander aux amateurs de chevaux de prendre un soin spécial de ce que nous
avons désigné sous le nom de *dressage à pied*, et qui n'est, en
quelque sorte, que le complément de l'éducation du jeune
poulain.

Dressage à cheval, ou principes élémentaires de l'art du manège.

MANIÈRE DE MONTER ET DE SE TENIR A CHEVAL. — Avant de
monter à cheval, il faut visiter d'un coup d'œil tout son équipe-
ment. Cet examen, qui est l'affaire d'un instant quand on en a
l'habitude, peut prévenir bien des accidents. On examinera
d'abord si la sous-gorge n'est pas trop serrée, si le mors n'est
pas trop bas, ce qui le ferait porter sur les crochets, ou trop haut,
ce qui ferait froncer les lèvres ; si la selle n'est ni trop en avant
ni trop en arrière ; si les sangles ne sont pas trop lâches, ce qui
ferait tourner la selle, ou trop serrées, ce qui les ferait casser
ou gênerait le cheval ; si le poitrail est bien placé ; la croupière
ni trop ni pas assez tendue ; si les étrivières ne sont ni trop
longues ni trop courtes.

Cet examen, qu'un bon cavalier doit faire toujours, étant
terminé, il faudra s'approcher de l'épaule gauche du cheval en
l'avertissant, de crainte qu'il ne s'effarouche : on tiendra la
cravache de la main gauche, la pointe en bas ; on passera les

rênes dans cette main après les avoir ajustées de la main droite,
ainsi qu'une poignée de crins prise à vingt-cinq centimètres
environ au-dessus du garrot. Prenant alors l'étrivière de la
main droite, on lèvera la jambe sans baisser le corps, pour en-
gager le pied dans l'étrier, en ayant soin de ne pas toucher le
ventre du cheval ; après avoir pris un second point d'appui, en
saisissant l'arçon postérieur avec la main droite, le plus avant
possible, on s'élèvera à hauteur de la selle sans ployer le
corps ; on étendra la jambe droite que l'on passera par dessus
la croupe, après avoir lâché l'arçon postérieur, avançant les
hanches et creusant les reins ; et l'on tombera en selle sans
secousse et sans cesser de tenir le corps droit. Ces divers mouvements doivent être exécutés avec grâce, aisance, sans préci-
pitation et sans toucher le cheval ni avec le pied gauche, ni avec
la jambe droite.

Après avoir lâché la crinière et enfourché la selle, il faut
passer la cravache dans la main droite, par dessus l'encolure
du cheval, prendre le bout des rênes avec la même main pour
les égaliser et les ajuster dans la gauche, en les tenant séparées
avec le petit doigt et laissant tomber les extrémités sur l'épaule
droite du cheval; replover le bout des doigts dans le creux de
la main, les ongles en dessus, et étendre le pouce sur les rênes
pour les assurer : enfin se raffermir sur le siège, la ceinture et
les fesses éloignées de l'arçon postérieur, les reins pliés et
fermes, sans raideur.

La belle position du cavalier ne lui donnant pas moins d'a-
vantages pour gouverner son cheval que de grâce, c'est la première qualité qu'un élève doit s'attacher à acquérir. La grâce
ne consiste pas à se tenir à cheval immobile comme un Terme
et raide comme un piquet, ni à affecter une attitude étudiée,
mais bien à savoir s'abandonner à propos ou résister aux
divers mouvements de son cheval ; à conserver cet équilibre et
cet aplomb, sans lequel il ne peut plus être maître ni de lui ni
de son cheval ; enfin à conserver dans tous les mouvements le
naturel, la liberté et l'aisance qui leur sont propres.

Le corps d'un cavalier peut se diviser en trois parties, dont
deux, la partie haute et la partie basse, doivent être mobiles, et

la troisième immobile. La partie haute comprend la tête et le corps jusqu'à la ceinture. La tête doit être droite et haute, sans affectation, libre entre les épaules et regardant entre les oreilles du cheval ; la poitrine élargie, les épaules libres, parallèles, bien effacées, un peu renversées en arrière.

Les bras doivent tomber naturellement le long du corps, sans y être collés ; les avant-bras tendus en avant sans raideur. La main de la bride gouverne l'avant-main ; elle doit être placée à la hauteur du nombril, à une distance du ventre de huit à dix centimètres environ, de manière à ce que les phalanges soient perpendiculaires à l'arçon ; la main droite doit être placée à la hauteur et près de la gauche ; l'extrémité de la cravache tombant entre l'épaule du cheval et la cuisse du cavalier.

La partie moyenne du corps est immobile et forme naturellement le point d'appui du cavalier. Pour que cet appui soit parfait, il faut avancer la ceinture et les hanches, tenir les cuisses tendues et tournées en dedans, retirer et fermer les genoux, et s'asseoir sur le croupion.

De la position de la partie basse du corps dépend principalement cet aplomb si nécessaire à un homme de cheval ; ces parties servent d'ailleurs à gouverner le corps et l'arrière-main. Il faut, comme nous l'avons dit précédemment, que les cuisses et les jarrets soient tournés en dedans, afin que le plat de la cuisse soit, pour ainsi dire, collé le long des quartiers. La véritable position des jambes est de tomber d'aplomb et d'être tout à la fois libres et assurées ; car, sans cette précaution, elles ballotteraient contre le ventre du cheval, et le tiendraient dans une inquiétude continuelle ; trop écartées du ventre, elles ôteraient la facilité d'aider ou de châtier l'animal à propos ; trop avancées, elles répondraient à la poitrine au lieu de l'abdomen ; trop en arrière, elles correspondraient aux flancs ; enfin, si on les tenait trop raccourcies, on serait enlevé de la selle quand on pèserait sur les étriers.

La pointe du pied doit être tournée un peu en dedans, un peu plus basse que le talon, sans l'être trop, et déborder l'étrier de trois ou quatre centimètres tout au plus ; tous les mouvements des diverses parties du corps doivent être souples, peu étendus.

On met pied à terre d'après les mêmes principes que l'on a observés en montant à cheval, et on détache de suite la gourmette.

Les premières leçons d'équitation doivent avoir pour but unique d'apprendre à l'élève à se bien tenir en selle, et à s'y maintenir dans tous les mouvements que son cheval pourra exécuter. Rien n'est plus efficace pour cela que la leçon du trot, parce que cette allure étant celle qui secoue le plus le cavalier, les autres ne sont qu'un jeu auprès de celle-là.

Après avoir acquis cet aplomb et cette fermeté dont on vient de parler, il faut s'exercer sur de jeunes chevaux pleins d'ardeur et de vivacité, afin d'être bien sûr de soi.

Travail au pas.

Après s'être exercé plusieurs fois à monter et descendre de cheval, sans étriers, ni éperons, le commençant se placera en selle en observant les préceptes que nous avons déjà exposés, et mettra son cheval au pas sur la piste de la main droite. Pour cela, il baissera un peu la main gauche en faisant sentir en même temps légèrement l'aide des jambes, ainsi que la rêne droite, mouvements qui pourront être accompagnés d'un léger coup de cravache sur l'épaule droite sans déranger autrement la main.

Tandis que le cheval marchera, on emploiera l'aide des jambes avec justesse, c'est-à-dire bien également, afin de le maintenir dans la ligne droite et de soutenir son pas ; on aura également soin de ne déranger aucune des parties du corps de la situation qui lui est propre, parce que l'on induirait le cheval en erreur et on le forcerait à se déranger de sa ligne. Arrivé à l'extrémité de cette ligne, marquée par un angle de haie ou de mur, le cavalier aidera son cheval à bien prendre cet angle pour tourner juste : pour arriver à ce résultat, il portera la main à gauche et la tournera ensuite de manière à ce que le pouce soit dirigé de ce côté et le petit doigt vers la droite, les ongles en dessus, afin de faire agir la rêne droite plus ou moins, selon la sensibilité des barres ; et aussitôt que le cheval aura obéi, on le maintiendra comme auparavant dans la ligne droite. Afin que ce mouvement s'exécute avec justesse, il faut que la tête, les épaules et les hanches passent successivement dans l'angle ; pour cela il faudra se servir des jambes, c'est-à-dire appuyer fortement sur les sangles la jambe droite, qui devra, pour ainsi dire, servir de pivot autour duquel doit tourner le cheval ; la jambe gauche devra être portée en arrière, afin de maintenir le cheval en demi-cercle et forcer ainsi l'arrière-main à passer sur les traces de l'avant-main.

Après avoir de nouveau parcouru une certaine distance en ligne droite, on tournera comme la première fois à droite pour se remettre dans la ligne parallèle à la première, et ainsi de suite. Il faudra, pendant plusieurs jours, soumettre le cheval à cet exercice jusqu'à ce qu'il exécute convenablement ce qu'on est convenu d'appeler les *à droite.*

Pour exécuter les *à gauche*, il faudra placer le cheval sur la piste à gauche, c'est-à-dire tourner la main dans le sens inverse, en plaçant les ongles en dessous, opérant ainsi une légère traction sur la rêne gauche. Les jambes seront également inversement placées, la gauche sur les sangles et la droite en arrière, de façon à obliger le cheval à bien exécuter le mouvement. Il est bon d'observer que, lorsque l'animal tourne à droite ou à gauche, l'épaule du cavalier du côté opposé reste naturellement en arrière, ce qui donne mauvaise grâce et ôte une partie de l'aplomb ; c'est ce qu'il faut éviter en avançant, d'une manière imperceptible, cette partie jusqu'à ce que l'on se soit replacé dans la ligne droite.

Lorsque l'on sera suffisamment exercé au pas et que l'animal connaîtra les *à droite* et les *à gauche*, il faudra combiner ces deux mouvements et les faire exécuter sans arrêt et sur la même piste, c'est ce qu'on désigne sous le nom de changer de main.

Changement de main.

On appelle changer de main, l'action de changer de piste en marchant, ou de placer le cheval sur un autre pied. Pour bien exécuter ces changements, il faut arrondir un peu la main et la porter du côté où l'on veut aller, en aidant en même temps le cheval des jambes. Tout cela doit se faire avec précision, sans secousses et sans ralentir l'allure. Beaucoup de personnes sont dans l'usage de passer alternativement les rênes et la cravache d'un main dans l'autre à chaque changement ; mais cette pratique n'est pas nécessaire, surtout pour les commençants, pour qui elle ne servirait qu'à augmenter l'embarras qu'ils manquent rarement d'éprouver quand il leur faut changer de main. C'est à l'aide de ces changements fréquemment répétés, ainsi que des arrêts et demi-arrêts dont nous parlerons plus loin, qu'un cavalier parviendra à se former une bonne main ; que l'on accoutumera un cheval neuf à aller à toutes mains et à exécuter, sans difficulté ni embarras, toutes les évolutions que l'on désirera.

De l'épaule en dedans et de la croupe au mur ou en dehors. — Ces deux leçons sont excellentes pour assouplir un jeune cheval, pour lui apprendre à marcher de côté, à passer les jambes l'une par dessus l'autre, sans se donner d'atteintes, à tourner court, sans embarras ni difficulté ; enfin, pour lui donner de la grâce ; elles ne sont pas moins nécessaires au cavalier sous divers rapports.

S'il s'agit de dresser un jeune cheval à la leçon de l'épaule en dedans, il faudra le mener au petit pas lent et raccourci, et le placer de manière à ce que les hanches et les épaules se trouvent sur deux lignes différentes.

La ligne des hanches doit être sur la piste, et celle des épaules un peu en dedans ; le cheval plié à la main où on le mène, c'est-à-dire qu'au lieu de le tenir tout-à-fait droit de hanches et d'épaules sur la même ligne, il faut lui tourner la tête et les épaules un peu en dedans comme si l'on voulait effectivement le tourner ; et, sans lui laisser quitter cette attitude oblique et circulaire, le faire marcher en avant sur la piste, en l'aidant de la jambe de dedans et le soutenant légèrement de celle du dehors ; or, il est évident qu'il ne peut marcher dans cette position sans chevaucher la jambe du dedans par dessus celle du dehors. Cette leçon devra, pour ne pas trop fatiguer le cheval, être de courte durée, mais fréquemment répétée

Ce dernier exercice est un des plus avantageux de ceux que l'on peut employer pour donner au cheval une parfaite souplesse et une entière liberté dans toutes les parties. Cela est si vrai, dit Laguerinière, qu'un cheval, dressé d'après ces principes, et gâté après par quelque mauvais écuyer, passant ensuite entre les mains d'un homme habile, se rétablira presque aussitôt. Les principaux effets de cette leçon sont d'assouplir les épaules, de mettre le cheval sur les hanches, et de le disposer à fuir les talons.

Pour exécuter les changements de main dans la leçon de l'épaule en dedans, il faut, sans effacer le pli de la tête et du cou, redresser les épaules et les hanches, quitter la piste et faire marcher le cheval diagonalement jusqu'à ce qu'il soit arrivé sur la nouvelle piste qu'on veut lui faire parcourir. Là, il faut lui placer la tête à gauche s'il était auparavant sur la piste droite, les épaules en dedans, comme nous avons dit plus haut, mais en se servant des aides en sens inverse, et le conduire dans cette nouvelle direction jusqu'à ce que l'on juge à propos de changer encore de main.

Lorsque le cheval commencera à obéir aux deux mains à la leçon de l'épaule en dedans, on lui apprendra à bien prendre les coins, ce qui est une leçon très difficile. Pour obtenir ce résultat, il faudra faire entrer les épaules dans le coin sans déranger la tête, et, à mesure qu'elles en sortiront, y faire entrer les hanches à leur tour, afin qu'elles passent partout où les épaules auront passé. C'est avec la rêne de dedans et la jambe du même *côté* que l'on pousse le cheval en avant dans les angles ; mais, lorsqu'on le tourne sur l'autre ligne, il faut que ce soit avec la rêne du dehors, en portant la main en dedans pendant qu'il a la jambe levée et prête à retomber, afin que, par ce mouvement, la jambe du dehors puisse passer par dessus celle du dedans ; il faudra, en outre, le pincer du talon de dedans.

La leçon de l'épaule en dedans devra être répétée jusqu'à ce que le cheval prenne bien les coins et exécute tous les changements de main librement, sans difficulté et sans se défendre.

La leçon de la croupe au mur dérive naturellement de la précédente ; car, lorsque le cheval marche l'épaule en dedans à droite ou à gauche, il se dispose en même temps à fuir les talons à la main du côté opposé. Ainsi, pour donner cette leçon, après avoir placé le cheval sur la piste droite, on le mettra l'épaule en dedans de ce côté; puis on lui tournera la croupe en dehors, de manière à ce que les épaules et les hanches soient placées en ligne presque droite en travers de la piste.

Dans cette position, on excitera le cheval à faire quelques pas de côté, en soutenant la rêne droite et légèrement la jambe du même côté. Si le cheval fait avec docilité quelques pas, en chevauchant bien la jambe droite par dessus la gauche, on l'arrêtera pour le flatter, afin de lui faire comprendre que l'on est content de lui; puis, on recommencera pour s'arrêter encore au bout de quelques pas, et ainsi de suite jusqu'au bout de la piste. Après l'avoir laissé reposer là un instant, on sentira la rêne et la jambe gauche afin de changer de main, et on le ramènera ainsi, toujours de côté, au point d'où il était parti.

Comme cette leçon embarrassera et fatiguera le cheval outre mesure dès le début, il faudra avoir soin de le mener d'abord très doucement, l'arrêtant fréquemment pour le flatter quand il aura obéi, et évitant de le rebuter, dans le cas contraire, par une obstination déplacée. Si, allant bien à une main, il refuse de marcher la croupe en dehors à la main opposée, ce sera un signe que l'épaule de ce côté n'est pas assez assouplie, et il faudra le remettre à la leçon de l'épaule en dedans.

Arrêts, demi-arrêts, reculer.

Cette leçon est nécessaire à un commençant pour lui apprendre, de plus en plus, à manier son cheval en tous sens : elle n'est pas moins utile pour placer un jeune cheval sur les hanches et le rendre léger à la main. Si un cheval en marchant se servait également des épaules et des hanches, il chercherait dans la bride un appui propre à contrebalancer la faiblesse naturelle de l'avant-main, et pèserait beaucoup trop à la main.

On parvient à prévenir ce défaut, qui nuit beaucoup à l'assurance du cheval et fatigue extrêmement le cavalier, et à donner au cheval une bouche légère, en l'habituant à avancer les pieds postérieurs et les jarrets sous le ventre en marchant, et à prendre son principal point d'appui dans les hanches ; c'est ce que l'on désigne sous le nom de *mettre un cheval sur les hanches*. Rien n'est plus propre à cela que la pratique des arrêts, demi-arrêts et du reculer.

Arrêt. — L'arrêt consiste à retenir, avec la main de la bride, la tête du cheval et les autres parties de l'avant-main, en chassant délicatement et en même temps les hanches avec les mollets, en sorte que tout le corps du cheval reste en équilibre sur les pieds postérieurs, mouvement bien plus difficile à exécuter de la part du cheval, que celui de tourner, qui lui est plus naturel.

Pour bien marquer un arrêt, il faut prendre l'instant où le cheval est bien animé, et faire sentir délicatement l'aide des jambes en même temps que l'on mettra les épaules un peu en arrière, et raffermir la bride de plus en plus jusqu'à ce que le cheval soit tout-à-fait arrêté. Il faut, pendant que l'on exécute ce mouvement, serrer un peu les coudes près du corps, afin d'avoir plus d'assurance dans la main de la bride. Il faut aussi que le cheval soit droit, afin que les hanches soient égales, sans quoi l'arrêt serait faux. L'arrêt au trot doit se faire en un seul temps, les pieds de derrière droits et n'avançant pas plus l'un que l'autre ; mais, au galop, dont le mouvement est plus étendu que celui du trot, il faut arrêter le cheval en deux ou trois temps, à mesure que les pieds antérieurs tombent à terre, afin qu'en se relevant, il se trouve sur les hanches, Pour cela, en retenant la main, on l'aide un peu des mollets pour faire couler les hanches sous lui.

Il est bon d'habituer un cheval que l'on dressse à marquer des arrêts aussitôt qu'il tourne facilement aux deux mains ; mais d'abord rarement et avec précaution ; car, en arrêtant subitement un cheval jeune ou faible de reins, on risquerait de forcer cette partie ainsi que les jarrets, et de ruiner l'animal pour toujours. Le cavalier doit aussi avoir soin dans ce moment de porter le haut du corps en arrière, de manière à soulager les épaules au détriment des hanches. Chaque fois que l'on arrête un cheval, il ne faut pas oublier de le caresser et de le flatter.

Les avantages de l'arrêt bien exécuté sont de rassembler les forces d'un cheval, de lui assurer la bouche, la tête et les hanches, et de le rendre léger à la main ; mais autant ce moyen est efficace quand on l'emploie à propos, autant il est nuisible si on l'emploie à contre-temps. En résumé, le temps d'arrêt faisant passer tout l'effort dans les reins et les jarrets, fatigue extrêmement ces parties chez les chevaux qui les ont naturellement faibles, et les ruine bientôt. La plus grande preuve qu'un cheval puisse donner de ses forces et de son obéissance, est de former un arrêt ferme, après une course rapide ; ce qui dénote une bouche et des hanches excellentes, qualités précieuses autant que rares.

Demi-Arrêt. — Le demi-arrêt consiste à tirer légèrement à soi la main de la bride, les ongles en dessus, sans arrêter tout-à-fait le cheval, mais seulement en retenant et soulevant le devant lorsqu'il s'appuie sur le mors, ou que l'on veut le ramener ou le rassembler. Cette action produit à peu près les mêmes effets que l'arrêt complet, sans fatiguer autant le cheval ; aussi doit-oa la répéter de préférence et l'employer fréquemment, surtout envers les chevaux qui ont la mauvaise habitude de s'appuyer trop sur la main. Quant à ceux qui sont naturellement disposés à se retenir, il faut, en même temps qu'on leur fait marquer un demi-arrêt, les animer avec les mollets, et quelquefois même avec les éperons, de crainte qu'ils ne s'arrêtent tout-à-fait.

Reculer. — L'action de la main de la bride pour reculer un cheval, est la même que pour marquer un arrêt ; en sorte que, pour habituer un cheval à reculer facilement, il faut, après avoir marqué l'arrêt, retenir la bride, les ongles en dessus, comme si l'on voulait en marquer un second : lorsque le cheval aura obéi, c'est-à-dire qu'il aura fait deux ou trois pas en arrière, il faudra lui rendre la main pour soulager les barres ; autrement une trop longue pression de la part du mors les engourdirait, et le cheval, au lieu de reculer, forcerait la main ou ferait une pointe.

Pour bien reculer, il faut, à chaque pas que le cheval fait en arrière, le tenir prêt à avancer de nouveau : c'est un grand défaut de reculer trop vite, parce que le cheval précipitant ainsi ses forces en arrière, court risque de s'acculer ou de se renverser, surtout s'il a les reins faibles. Il faut encore qu'il recule droit, sans se traverser, afin de plier également les deux hanches sous lui. S'il s'obstine à ne pas vouloir reculer, ce qui arrive presque généralement à ceux qui n'y ont pas été dressés, il faut qu'un homme à pied lui donne de petits coups de cravache sur les genoux et les boulets, en même temps que le cavalier tire la bride à lui ; mais il ne faut pas oublier aussi de le flatter à chaque signe d'obéissance que l'on en obtient.

Lorsqu'un cheval recule, il a toujours un membre postérieur sous le ventre, il pousse la croupe en arrière, et il est à chaque mouvement tantôt sur une hanche, tantôt sur l'autre ; mais il ne peut bien exécuter cette action, et on ne doit la lui demander que lorsqu'il commence à s'assouplir et à obéir à l'arrêt, parce que l'on a plus de liberté pour tirer les épaules à soi quand elles sont libres et souples, que quand elles sont encore raides et engourdies. Cette leçon occasionnant toujours un effort plus ou moins douloureux de la part des reins et des jarrets, il faut en user modérément dans les commencements, surtout envers les chevaux qui ont ces parties naturellement faibles. Elle devient, par la même raison, un châtiment pour les chevaux qui n'obéissent pas bien à l'arrêt ; mais, d'un autre côté, c'est un bon moyen pour mettre un cheval sur les hanches, lui ajuster les pieds postérieurs, lui assurer la tête, et le rendre léger à la main.

Travail au trot.

Lorsque l'on sera suffisamment exercé au pas et que l'on aura acquis l'aplomb nécessaire, on passera à la leçon du trot, la seule qui puisse donner ce degré de souplesse et d'aplomb sans lequel on ne peut être bon cavalier.

Pour partir au trot, il faut rassembler le cheval, rendre la main et la reprendre sur le champ, mais progressivement ; approcher les jambes un peu vivement et bien également. En marchant, on rendra la main tout doucement jusqu'à ce qu'elle soit bien replacée ; il faut surtout faire attention de ne pas se raidir au départ du cheval, ni pendant la durée de la reprise ; en marchant ainsi au trot, on ne doit pas oublier la position que doivent avoir les trois parties du corps, tourner les cuisses sur leur plat et les abandonner, ainsi que les jambes, à leur propre poids : ce n'est que par ce moyen que les mouvements du cavalier se lieront parfaitement à ceux du cheval.

On suit au trot les mêmes pistes qu'au pas ; les à droite, les à gauche et changements de main s'opèrent de la même manière, avec cette seule différence que l'aide des jambes doit être un peu plus vigoureuse, afin que le trot ne se ralentisse pas. Il ne faut jamais terminer la reprise du trot sans avoir remis le cheval au pas. A cet effet, pour passer de la première allure à la deuxième, on exécutera un demi-arrêt, en ramenant un peu la main gauche et serrant légèrement les jambes pour que le cheval ne s'arrête pas ; et aussitôt qu'il aura obéi, on replacera les jambes et les mains. Il faut aussi commencer la leçon du trot par quelques exercices au pas, avec les changements de main.

On ne peut parvenir à bien monter à cheval qu'en répétant ces exercices et surtout celui du trot, jusqu'à ce que l'on soit parfaitement familiarisé avec les différents changements de main, ainsi qu'avec les aides que l'on retire tant de cette partie que des jambes ; et que l'on sache bien approprier ses aptitudes et ses mouvements à ceux du cheval. On exigera un trot plus franc et plus allongé, à mesure que l'on fera des progrès, et l'on passera au trot sur le cercle quand on se trouvera assez fort sur le précédent.

Du trot sur le cercle.

La leçon du trot sur le cercle est extrêmement utile pour confirmer un commençant dans les exercices qui précèdent, et pour lui apprendre de plus en plus à se rendre maître de tous les mouvements de son cheval.

Après avoir parcouru quelques pistes et exécuté quelques changements de main, d'abord au pas, puis au trot sur la ligne droite, toujours sans étriers ni éperons, on se remettra au pas et on ramènera insensiblement la main, sans s'arrêter, jusqu'à ce que l'on ne sente plus que légèrement la rêne droite, afin de ployer la tête, le cou et les épaules du cheval un peu en dedans. On le poussera ensuite au trot, en ayant soin de sentir toujours légèrement la rêne de dedans et la jambe de dehors.

Le tourner et les changements de main s'exécuteront dans cette leçon de la même manière que dans celle du galop, dont il va être question plus loin; mais il faut faire attention de ne pas laisser perdre au cheval son pli au moment du rassembler ; ce à quoi on parviendra aisément, en conservant bien la position des mains et des jambes, de manière à faire sentir toujours un peu plus la rêne de dedans et la jambe de dehors : le trot devra être franc, hardi et allongé.

Il est bon de faire remarquer que la leçon du trot sur le cercle fatigue énormément les commençants qui la prennent sans y être suffisamment préparés d'avance par le trot en ligne droite ; mais rien n'est plus propre que cet exercice, à assouplir à la fois le cheval et le cavalier, et à augmenter l'aplomb de celui-ci. La leçon doit finir comme elle a commencé, c'est-à-dire par le trot ordinaire et le pas.

Du travail au galop.

Cette leçon, quoique moins pénible que les précédentes, n'en est pas moins difficile pour les commençants ; elle ne doit pas se prendre avant qu'on ne soit bien confirmé dans les autres.

Après quelques changements de main au pas et au trot, on saisira l'instant où l'on se sent le mieux d'aplomb, pour mettre son cheval au galop. Il est essentiel pour cela que le cavalier rende souples les articulations de ses reins et de ses genoux, pour conserver cet aplomb, qui, sans cela, se perdrait infailliblement. C'est aussi dans cette allure que la division du corps du cavalier devient plus apparente, parce que celle du centre doit être parfaitement liée avec les mouvements du cheval, et que les parties hautes et basses sont dans une activité continuelle pour maintenir l'équilibre de la masse entière.

Pour partir au galop à droite, on doit rassembler son cheval, renverser la main, les ongles en dessus, pour tendre un peu la rêne gauche, ce qui forcera le cheval à plier un peu la tête de ce côté ; et rendre plus libre l'épaule et, par conséquent, la jambe droite, qui doit partir la première : c'est ce que l'on désigne sous le nom de *galop sur le pied droit*. On fera sentir en même temps l'aide des jambes, particulièment de la droite, celle-ci portant énergiquement sur les sangles, et la gauche en arrière des sangles. Aussitôt qu'il aura obéi, on lui ramènera la tête un peu en dedans en arrondissant la main, les ongles en dessous, pour sentir la rêne droite ; on tiendra les jambes toujours près du corps, pour maintenir le cheval en action et entretenir le mouvement cadencé de l'arrière-main, c'est ce que l'on appelle *sentir le cheval entre les jambes*. La partie haute du corps doit être tenue un peu renversée, et il faut, dès que l'on sentira la vitesse se ralentir un peu, rendre la main et la reprendre sur-le-champ, sans changer le degré de pression des jambes.

Lorsqu'on sera arrivé au moment de tourner le coin, il faudra, sans déranger la main pour ne pas perdre le pli du cheval, se contenter de la porter un peu à gauche, et la jambe droite de l'avant-main se trouvera ainsi toujours portée en avant. Les diverses aides de la main et des jambes doivent être, dans cette action, proportionnées à la vitesse du galop, et combinées de manière à ce que cette vitesse ne se ralentisse pas d'un seul instant.

Pour changer de main au galop à droite, on portera la main à droite, et l'on fera sentir l'aide de la jambe de ce côté. Le cheval étant déjà plié, exécutera facilement cette évolution ; mais il n'en sera pas de même lorsqu'il s'agira de lui faire prendre la piste à gauche pour le galoper de ce côté. Ce changement de main doit commencer par un temps d'arrêt ; pour le bien exécuter, on lâchera un peu la rêne droite, et l'on ramènera la main à soi en diminuant la pression des jambes; par ce moyen on fera disparaître le pli du cheval, ce qui remettra les épaules et les hanches de niveau entre elles. Le cheval, ayant alors repris son aplomb comme s'il était au pas, on le rassemblera de nouveau ; on arrondira la main, les ongles en dessous, en faisant sentir les aides des jambes d'une manière inverse, afin de rendre libre l'épaule gauche, ce qui portera naturellement en avant la jambe de devant de ce côté. Lorsque le cheval aura obéi, on retournera la main, les ongles un peu en dessus, jusqu'à ce que l'on sente la rêne gauche, afin de ramener la tête en dedans. Les changements de main de gauche à droite s'effectuent de la même manière et par les mêmes moyens, en sens inverse, que les changements de main de droite à gauche.

Lorsqu'à l'aide de ces exercices répétés, on aura acquis la souplesse et la liberté nécessaires de la part des extrémités inférieures, on commencera à chausser l'éperon et à se servir des étriers. La hauteur à laquelle on placera ceux-ci doit être calculée de manière à ce qu'ils portent le poids naturel des jambes ; les étrivières trop longues forceraient le cavalier à allonger les jambes outre mesure pour aller chercher les étriers, ce qui lui ferait perdre l'aplomb qu'il doit avoir en selle ; trop courtes, elles l'obligeraient à baisser les genoux, ce qui porterait les talons trop en arrière et contrarierait les mouvements de toute la partie basse.

On répètera avec les étriers et les éperons les leçons du pas, du trot, du trot sur le cercle et du galop, en ayant toujours le soin de commencer et de finir chaque reprise par quelques exercices des leçons précédentes. C'est par ces divers exercices répétés avec persévérance et souvent que l'on parviendra à se dégrossir. L'élève qui sera parfaitement confirmé dans ce que nous avons dit précédemment, ne pourra certainement se flatter d'être un écuyer consommé, mais il aura les éléments nécessaires pour manier un cheval avec grâce et facilité.

En résumé, nous dirons donc que, pour bien dresser un cheval, il faut d'abord s'appliquer à connaître son naturel, se familiariser avec lui, et le soumettre enfin, avec méthode et discernement, aux divers exercices que nous avons signalés plus haut. C'est ainsi qu'au début, on se contentera d'une reprise par jour, qui comprendra le travail au pas, la leçon de l'épaule en dedans, les changements de main, la croupe en dehors, et on terminera par une piste au pas en ligne droite. Quelque temps après, on ajoutera une deuxième reprise devant être consacrée à un trot hardi et soutenu ; enfin la troisième et dernière se composera du trot en cercle et du travail au galop.

En combinant plus tard et chaque jour ces trois reprises, on verra croître, pour ainsi dire à vue d'œil, la souplesse et l'obéissance du cheval, ainsi que l'adresse du cavalier.

Dressage du cheval de trait.

Le dressage du cheval de trait est pour le moins aussi utile que le dressage du cheval de selle, vu les dangers incessants auxquels s'exposent ceux qui veulent s'occuper de cet art, n'en ayant pas les premières notions. Ne pourrait-on pas dire d'une façon absolue que la plus grande partie des accidents proviennent d'un dressage incomplet, de l'incurie des conducteurs ; en un mot, de leur complète ignorance sur tout ce qui a rapport à cet art.

Pour éviter des redites inutiles au sujet des avantages du dressage du cheval de trait, nous passerons immédiatement à la description des harnais.

Harnais du cheval de trait.

Les harnais du cheval de trait se divisent, comme ceux du cheval de selle, en harnais d'écurie et harnais de travail. La description des premiers étant donnée à propos du cheval de selle, il ne reste à nous occuper que des harnais de travail.

HARNAIS DE TRAVAIL. — Les harnais de travail se composent, pour le cheval de trait, de trois appareils : 1° l'appareil de *gouverne ;* 2° l'appareil de *tirage ;* 3° l'appareil de *reculer*.

1° APPAREIL DE GOUVERNE. — L'appareil de gouverne est formé de la bride, harnais commun aux deux services, dont la description a été donnée, et sur laquelle nous ne reviendrons pas dans ce chapitre.

2° APPAREIL DE TIRAGE. — L'appareil de tirage se compose : 1° *du collier ;* 2° *de la sellette ;* 3° *des traits*.

COLLIER. — Le collier est un harnais à jour ovalaire qui entoure l'extrémité inférieure de l'encolure et se prolonge de chaque côté sur les épaules. Il doit être léger, souple, élastique, exactement adapté à la conformation de l'animal qui doit le porter, pour qu'il ne cause ni compression, ni frottement. Il est formé par les coussins et les attelles.

Les coussins doivent être également souples, flexibles et répartir une pression uniforme dans toute leur étendue. Ils forment cette partie du collier destinée à être mise en contact avec la peau et à transmettre au corps de l'animal les résistances que présentent les attelles.

Celles-ci sont en bois ou en fer : elles se fixent contre le collier et portent à leur tiers inférieur une anse appelée *bra-celet, mancillon* ou *tirage*, destinée à recevoir l'attache des traits. Souvent ceux-ci se fixent aux attelles elles-mêmes.

Les extrémités supérieures des attelles portent le nom d'*oreilles* et sont pourvues d'anneaux destinés à recevoir les guides. Quand ces oreilles sont excessivement développées, elles peuvent occasionner des accidents ; elles surchargent aussi toujours inutilement les chevaux et les gênent pour passer les portes.

Les attelles sont libres ou réunies à leur extrémité inférieure (*collier rond*). Quand elles sont libres, elles sont pourvues de deux bandes de fer, une sur chaque attelle portant un crochet et un anneau destinés à les fixer l'une à l'autre.

Au collier rond, qui est ordinairement employé pour les forts chevaux qui traînent de lourds fardeaux, on doit préférer le collier brisé, quoique moins résistant, parce qu'il y a des chevaux dont la tête, trop forte, ne peut pas passer dans le collier qui conviendrait pour le volume de leur encolure.

On ne saurait apporter trop de précaution dans le choix du collier, qui doit avoir exactement une grandeur convenable et former supérieurement un angle assez aigu pour ne pas blesser le garrot, dont les maladies sont très difficiles à guérir, vu la complexité de la région. Pour le choix des colliers, il faut donc considérer la composition anatomique des parties, les canaux qui se trouvent à l'entrée de la poitrine et les mouvements qu'exécutent les épaules.

« On reconnaît qu'un collier est bien ajusté, dit M. Magne, quand, au moment où le cheval démarre la voiture, on voit l'épaule sortir en quelque sorte du collier ; quand, au contraire, l'épaule entre dans l'intérieur du collier, au moment où le cheval tire fort, c'est une preuve que ce harnais est trop grand.

Il se produit alors des frottements, et le cheval ne tire pas comme lorsque le collier s'appuie solidement en avant de l'épaule. »

On distingue plusieurs espèces de colliers : le collier ordinaire dont nous venons de parler, le collier en jonc, le collier à joug, et enfin la bricole ou poitrail.

COLLIER EN JONC. — Le collier en jonc est un collier confectionné avec des attelles en bois et les feuilles en ruban de quelques plantes aquatiques. Ils sont employés dans le Nord pour les chevaux de labour, et font un assez bon usage.

COLLIER A JOUG. — Le collier à joug présente sur son bord antérieur des surfaces où s'applique le joug ; il tient au train postérieur par une croupière et par un reculement.

On se sert de ce collier pour faire travailler par paires les ânes et les mules.

On confectionne aussi des colliers à *jouattes*, qui permettent d'éloigner du timon un animal plus que l'autre, ce qui sert surtout pour le labour des vignes et le sarclage des récoltes plantées en lignes.

BRICOLE OU POITRAIL. — La bricole est une large bande de cuir formée de plusieurs couches superposées, qui ceint le poitrail du cheval et se termine à ses deux extrémités, en arrière des épaules, par un gros anneau de fer auquel s'attachent les traits. La bricole n'est utile qu'aux chevaux qui ont une marche rapide, mais qui tirent peu. S'adaptant au corps de l'animal par une plus grande étendue superficielle que la bricole, le collier lui est préférable comme moyen de traction, parce qu'il fournit au moteur un point d'appui plus large et qu'il entraîne moins de pertes de forces.

2° SELLETTE. — La sellette ou mantelet, est constituée par une charpente en bois nommée arçon, revêtue en dessous de coussins par lesquels elle s'appuie sur le dos de l'animal qu'elle embrasse dans sa concavité, et couverte en dessus d'un plastron de cuir qui supporte la dossière.

La dossière est une bande de cuir très longue et très forte, destinée à supporter le poids du limon qu'elle transmet au dos de l'animal. La sellette s'applique en arrière du garrot, sur la région dorsale. Elle est maintenue dans cette position par une sangle appelée sous-ventrière.

3° TRAITS. — Les traits sont en cuir, en corde ou en chaîne. Ils doivent être résistants et n'avoir que la longueur strictement nécessaire.

Il est très important de s'assurer toujours de la bonne qualité des traits, car leur rupture pourrait produire des chutes et occasionner ainsi des plaies aux genoux, l'ouverture de ces derniers, la fracture des dents et même compromettre le conducteur.

Les traits s'attachent par leur extrémité antérieure au bracelet, et par leur extrémité postérieure à l'attelage.

3° APPAREIL DU RECULER. — L'appareil du reculer est formé d'une seule pièce, l'*avaloire*, qui se compose essentiellement d'une large bande de cuir appliquée en arrière des fesses et désignée sous le nom de *fessière* ou *reculement*. Cette bande est soutenue dans sa position par des courroies qui viennent s'attacher à une petite sellette placée sur la région lombaire, et elle se termine à ses deux extrémités antérieures par une chaîne qui se fixe, à l'aide d'un anneau, aux limons de la voiture. C'est à l'aide de cet appareil que le cheval de trait transmet à la voiture le mouvement en arrière, ou qu'il s'oppose à son glissement trop rapide des descentes, soit comme limonier, soit comme cheval de retraite.

On ne saurait, comme nous l'avons dit plus haut à propos des harnais du cheval de selle, apporter trop de soin à l'examen du harnachement. Outre les dangers auxquels s'expose le conducteur, la mauvaise confection des harnais et leur adaptation mal calculée au corps des animaux de travail, déterminent souvent, dans la pratique, des accidents dont quelques-uns sont extrêmement graves ; ce sont les foulures, les excoriations, les abcès, la carie, la nécrose des ligaments ou des os dans les parties sur lesquelles portent habituellement les pièces du harnachement.

Aussi, pour éviter tous ces inconvénients, il faut qu'un harnachement, dit M. Bouley, remplisse les conditions suivantes :

1º La légèreté associée à la solidité ; trop de poids fatigue en pure perte les animaux ;

2ᵉ Parfait rapport des diffrentes pièces qui le composent avec celles des régions qu'elles doivent recouvrir ; trop étroits, les harnais gênent les mouvements et ne permettent pas à l'animal de faire l'emploi de toutes ses forces ; trop larges, ils vacillent, causent des frottements et, par suite, des blessures plus ou moins graves ;

3º La coaptation aussi exacte que possible des pièces du harnachement avec les surfaces du corps sur lesquelles elles s'appuient. Cette coaptation doit être établie par l'interposition entre la peau et les parties dures des harnais, de substances élastiques qui amortissent les pressions sans causer de déperdition dans l'application des forces. Les plus parfaits des harnais qu'on puisse concevoir sont ceux dont les coussins d'amortissement seraient formés par des vessies de caoutchouc, remplies d'air. Cette idée a été réalisée un instant par un fabricant de Paris, mais le prix trop élevé de ses appareils s'est opposé à ce qu'ils puissent être adoptés dans la pratique, même pour les chevaux de luxe.

Manière de garnir et de dégarnir

Pour garnir un cheval, il faudra prendre les mêmes précautions que pour le seller, c'est-à-dire, après relevé toutes les parties de harnais qui seront pendantes, telles que sangles, croupière, etc., on devra s'approcher doucement du cheval, du côté montoir, poser délicatement la sellette et la fessière sur le dos, passer la croupière en agissant de la même façon que pour le seller.

On mettra ensuite la bride, en observant les mêmes indications que nous avons signalées à propos de brider et de débrider ; après quoi, on placera le collier Une fois que la sellette sera sur le dos de l'animal, que le collier sera en place et la croupière sous la queue, on devra passer la main sous les harnais, afin d'unir le poil surtout si les animaux ont le poil long. On serrera ensuite les sangles en commençant par le sanglon antérieur et, au besoin, en revenant à plusieurs reprises, à chaque sanglon. Cela fait, et après avoir passé en revue, d'un coup d'œil, les diverses pièces du harnachement pour s'assurer de leur intégrité, on attellera le cheval, en ayant soin surtout de ne pas l'épouvanter en lui laissant tomber les limons sur une partie quelconque du corps ; sans cette précaution, il conserverait toujours une certaine appréhension, et ne s'approcherait qu'avec crainte de la voiture à laquelle on voudrait l'atteler.

Dressage proprement dit du cheval de trait.

Le dressage du cheval de trait consiste à utiliser les forces motrices des animaux avec le plus d'avantages possibles, au déplacement des résistances par le tirage. On voit donc par là qu'il a une très grande importance ; aussi ne devra-t-on jamais le négliger.

C'est pourquoi on devra soumettre le cheval de trait aux mêmes exercices que le cheval de selle ou, du moins, le familiariser avec tout ce que nous avons dit à propos du dressage à pied. C'est ainsi qu'il se trouvera habitué au contact de l'homme, des harnais ; ayant une parfaite connaissance des divers mouvements de la main de bride, il pourra, dans la suite, sans l'aide des jambes, obéir franchement à l'indication des rênes seulement.

Pour cela, il sera bon de lui faire subir quelques leçons du dressage à cheval, principalement les à droite et les à gauche aux diverses allures, ainsi que le reculer, très important pour le service du trait, car les animaux sont appelés très souvent à exécuter ce mouvement.

Pour obtenir d'un cheval qu'on destine au trait les à droite et les à gauche, il faudra agir dès le début, comme pour le cheval de selle, et progressivement remplacer les aides des jambes par la cravache. Ainsi, par exemple, à un cheval marchant sur la piste à main droite, au moment de tourner le coin, on devra lui faire sentir légèrement la rêne droite, lui appliquer de légers coups de cravache sur la croupe gauche, de façon à le maintenir en demi-cercle pour le forcer à faire passer l'arrière-main par où l'avant-main aura passé, mais en ayant toujours soin de serrer fortement la jambe droite contre les sangles. Il faudra lui faire répéter cette leçon jusqu'à ce qu'il exécute ce mouvement avec l'aide de la cravache seulement.

Pour les à gauche, on devra agir en sens inverse, c'est-à-dire la rêne droite légèrement tendue, sentir la rêne gauche, et donner de légers coups de cravache sur la croupe droite. De cette façon, et plus tard, lorsque le cheval sera attelé, on pourra remplacer la cravache par le fouet et la chambrière, et l'animal se sentant touché à droite ou à gauche, exécutera promptement un à gauche ou un à droite, suivant la volonté de son conducteur.

Lorsque ces diverses leçons seront connues du jeune sujet, il faudra le garnir et le faire traîner. Mais on devra avoir soin de ne pas le rebuter ; pour cela, on ne lui donnera pas une lourde charge, comme le font d'habitude tous ceux qui agissent sans raisonnement. La durée de la leçon sera de peu de temps, et la récompense devra lui succéder ; c'est pour cela qu'on aura toujours à sa disposition un peu d'avoine qu'on administrera après chaque exercice.

De cette façon, on arrivera insensiblement à obtenir de bons chevaux, avec des allures gracieuses et prêts à obéir à la première indication du conducteur ; leur valeur pécuniaire sera augmentée, et enfin les accidents trop nombreux, hélas, résultant d'une mauvaise éducation, ne seront plus à redouter.

Telles sont les considérations que nous avons cru devoir présenter sur ce sujet important.

Des lacunes peuvent exister dans notre travail. Nous nous excuserons en disant que ce n'est pas aux écuyers consommés que nous adressons cet opuscule, mais plutôt à ceux qui ignorent les premières règles de l'art du dressage, inconscients de leurs actes, et qui dressent plutôt par habitude que par raisonnement

Trop heureux si, étant lu, nous arrivons à porter quelque amélioration à leurs coutumes, dans lesquelles ils croupissent depuis de longues années, restant étrangers à toute idée de progrès.

C'est là notre but, et, nous le répétons, notre seule ambition est de faire faire un pas au dressage dans notre pays.

Or, tout incomplets qu'ils puissent être, s'ils sont suivis, nos préceptes seront suffisants pour faire exécuter ce premier pas vers la perfection.

Dans tous les cas, nous pourrons répéter à nos juges trop sévères, ce vieil aphorisme des Latins : « *Feci quod potui, non quod voluerim* ».

FIN.

TARBES. — IMP. E. VIMARD, RUE DE L'HARMONIE, 2.

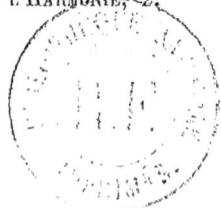

www.ingramcontent.com/pod-product-compliance
Lightning Source LLC
Chambersburg PA
CBHW071005280326
41934CB00009B/2179